Manifiesto por una dieta sin MAMÍFEROS

ALIMENTACIÓN PARA UN MUNDO NUEVO Y MÁS SOSTENIBLE

ADAM ROGERS

Manifiesto por una dieta sin mamíferos:
Alimentación para un mundo nuevo y más sostenible.

Diseño por **Phoenix Design Aid A/S,** una empresa CO^2 neutral acreditada en los campos de Calidad (ISO9001), Medio Ambiente (ISO14001) y Responsabilidad Social Corporativa (DS49001), y proveedor aprobado de productos certificados FSC™.

Traducción del inglés: Phoenix Design Aid A/S

Library of Congress Cataloging in Publication Data
Rogers, Adam, 1963 –
Manifiesto por una dieta sin mamíferos
Alimentación para un mundo nuevo y más sostenible.
Adam Rogers, 2019 –
Titulo original: No Mammal Manifesto: Diet for a new, and more sustainable world
Incluye referencias bibliográficas
ISBN 978-87-971254-2-7
EAN 9788797125427
US$ 9.95, CAN$9.95, EUR9.95
Diseño de portada e interior por Kerrie Robertson Ilustration

Impreso en Estados Unidos y Dinamarca

Para esta versión en español, me gustaría expresar mi sincera gratitud a Montserrat Valeiras Taboada y a José Romero por su apoyo, a Cristina Costa Bravo por su excelente trabajo de traducción y a Breazy Barillas por el diseño de la publicación en español, que es una gran mejora con respecto a la versión original.

ÍNDICE

AGRADECIMIENTOS

De las muchas personas a las que debo mi más profunda gratitud por sus aportaciones y recursos, y por prestarse como caja de resonancia, me gustaría agradecer especialmente a: Patrick Leung, de Nueva York y Nueva Zelanda, con quien he compartido muchas conversaciones inspiradoras, y quien tuvo la gentileza de revisar los primeros borradores de este manuscrito; a Gustavo González, de la Organización de las Naciones Unidas para la Agricultura y la Alimentación, quien respondió a mis repetidas solicitudes de información y referencias y me proporcionó valiosos aportes; a Gillian Rogers, quien realizó la revisión final del manuscrito y discutió conmigo muchas de las ideas aquí reflejadas antes de que la tinta llegara al papel; a Janet Mills, de Amber-Allen Publishing, por sus baldazos de realidad cuando más los necesitaba; a mis hermanas, Rima y Lara Devitt, comprometidas con el vegetarianismo desde la adolescencia, y siguen siendo una inspiración con sus ideas y recetas. Rima es propietaria del restaurante de mayor reputación de Edmonton, Alberta: *The Blue Plate Diner*.

También agradezco la participación de todas las personas que revisaron el manuscrito del manifiesto: Matt Mulford, mi estimado profesor de la London School of Economics; Sid Kane, antiguo editor y oficial de comunicaciones del Programa de las

Naciones Unidas para el Desarrollo y del Banco Mundial; Chris Fiscus, mi editor en The Lumberjack; Judy Rae Hallcom, mi editora en Earth News; Tore Brevik, ex director de comunicaciones del Programa de las Naciones Unidas para el Medio Ambiente; y Cherie Hart, ex asesora de comunicaciones de la ONU y autora de uno de mis libros favoritos de todos los tiempos, *From Hollywood to Holy Wars*. Linda Kleinschmidt editó el manuscrito y lo hizo más legible.

Gracias también a Bekah Martin por hablarme del cuajo, algo que cambió para siempre mi opinión acerca del queso. También me gustaría agradecer y reconocer a Frances Moore Lappé, quien me inició en este viaje hace muchos años con su libro, *Diet for a Small Planet*. Por último, y sin dudarlo, quiero expresar mi agradecimiento a mis dos compañeros de campamento en la cordillera Wind River de Wyoming durante el curso de supervivencia invernal de la Escuela Nacional de Liderazgo al Aire Libre (NOLS). Hace mucho que he olvidado sus nombres, pero sin sus palabras y aliento, probablemente no habría comenzado el recorrido de investigación que culminó en este manifiesto.

Para Sage, Addison y Alena

INTRODUCCIÓN:
¿POR QUÉ ESTE MANIFIESTO?

NOSOTROS, LOS HUMANOS, formamos parte de la familia de los mamíferos. Llevamos caminando por este hermoso planeta unos 200 000 años. Sin embargo, en tan poco tiempo, nuestro impacto ha sido enorme, y en su mayoría negativo. Gran parte de esta influencia destructiva está ligada a lo que elegimos comer y a las cosas que hacemos para asegurarnos nuestra comida.

La forma en que los humanos decidimos alimentarnos debería, en teoría, nutrir la salud humana y contribuir a la sostenibilidad ambiental. Sin embargo, el sistema actual de producción y distribución de alimentos está llevando a nuestro planeta más allá de sus límites.

Una dieta centrada en el consumo de mamíferos no es muy saludable, ni para nosotros ni para nuestro planeta. Diversos estudios empíricos han demostrado que reducir o eliminar a los mamíferos de nuestra dieta puede ayudarnos a sumar años de vida y a mejorar al mismo tiempo nuestro estado de salud durante esos años de propina. Además, eliminando la carne de mamífero de nuestras dietas y adoptando este los principios de este manifiesto por una dieta sin mamíferos, estaremos contribuyendo a soluciones que nos permitan habitar un planeta ecológicamente sano para disfrutar de estos años adicionales de buena salud.

El objetivo de este libro es que, cuando tengamos la posibilidad de elegir —y la mayoría de nosotros disponemos de múltiples opciones en nuestro menú—, elijamos de forma sabia, tanto por nuestra salud, como por la de nuestro planeta y nuestros hijos, a quienes dejaremos este planeta cuando nosotros ya no estemos. Ciertamente, necesitamos comer para sobrevivir, pero como omnívoros, podemos elegir entre matar y no matar, y si matamos, podemos elegir qué, cuándo y cómo.

*Diversos estudios empíricos han demostrado
que reducir o eliminar a los mamíferos
de nuestra dieta puede ayudarnos a sumar
años de vida.*

Espero que este libro anime al lector a tener una mirada distinta de lo que significa comer mamíferos, no solo por el vínculo mítico que compartimos con ellos (capítulo 4), sino por la conciencia de que comer mamíferos (cuando no estamos obligados a ello) carece de sentido desde muy diversas perspectivas, como la salud (capítulo 1), el medio ambiente (capítulo 2) o la economía (capítulo 3).

UN POCO DE TRASFONDO

Las ideas que se exponen en este manifiesto no llegaron a mí de repente en ninguna epifanía. No dejé de comer mamíferos repentinamente porque nadie me convenciera de ello, ni tuve ningún tipo de iluminación que me llevara a cambiar mi dieta. Fue un proceso de evolución de varios años, con motivaciones complejas y basadas numerosos factores, tal como he dejado plasmado en la presente publicación. Con este libro, espero convencerte, lector, de que al menos tomes en consideración algunas de mis ideas y comiences (si todavía no lo has hecho) a tomar decisiones conscientes y plenamente informadas sobre las consecuencias, tanto individuales como planetarias, de tus decisiones dietéticas.

Las personas cuyas preferencias dietéticas están fuera de lo común se ven a menudo ante la exigencia de dar explicaciones, a menos que sus restricciones se deban a una alergia o un dictamen religioso. Cuando un musulmán no come cerdo, nadie le pregunta por qué. Cuando un hindú rechaza una hamburguesa de ternera, nadie le pide explicaciones. Cuando alguien es intolerante a la lactosa, no tiene más que decir "no, gracias" a un vaso de leche, y nadie lo presionará.

Sin embargo, si eres vegetariano, tus compañeros de cena pueden ponerse a la defensiva... o mostrar una curiosidad genuina y hacerte un montón de preguntas, como desde cuéndo eres vegetariano hasta cómo haces para encontrar algo rico "en este verde mundo de Dios".

Las respuestas más habituales que he oído de los vegetarianos es que desean reducir el sufrimiento animal, contribuir al medio ambiente o llevar una vida más saludable. Todas estas ideas suenan igual de acertadas para los que hemos optado por excluir a los mamíferos de nuestro menú, pero la explicación en este caso es un poco más compleja.

Hay mucha gente que dice que no come carne roja, pero este no es el punto. Yo no dejé de comer mamíferos porque su carne fuera roja. Dejé de comer mamíferos porque son mamíferos. No dejé de comer carne roja, dejé de comer la carne que estaba obstruyendo mis arterias rojas y aumentando mi riesgo padecer alguna cardiopatía o cáncer colorrectal. No evito la carne roja. Evito la carne en general, ya que su producción industrial está destruyendo una tierra que debería permanecer siempre verde.

Pero no siempre fue así. He vivido, trabajado, viajado o visitado la mayoría de los países de este precioso planeta y, en muchos de ellos, la gente se come todo tipo de cosas que se mueven y que hay que cazar, capturar o criar en cautiverio. En mis viajes, solía almorzar con mis anfitriones y comer lo mismo que ellos, desde gatos y perros hasta serpientes e incluso insectos.

En el invierno de 1980, me encontré caminando por la cordillera de Wind River, en Wyoming, con una mochila y un par de viejos esquís de travesía del ejército. Tenía 16 años y me había apuntado a un curso de supervivencia invernal en la Escuela Nacional de Liderazgo al Aire Libre. Compartía la tienda de campaña con dos compañeros, un médico y un psicólogo. Ambos eran vegetarianos. En aquella época era un adolescente listillo del Yukón y no me parecía natural no comer carne, así que se lo puse bastante difícil a mis compañeros y aprovechaba cualquier comida para hostigarlos sin piedad.

"Pero, ¿cómo puedes hablar de algo de lo que no sabes absolutamente nada?", terminó por preguntarme el médico. "Cuando no sabes de qué estás hablando… mucho ruido y pocas nueces, aire caliente sin sustancia".

Tras unos días de debate, acepté finalmente dejar de comer carne durante unos meses. Ambos me dijeron que me sentiría más fuerte, más saludable y más vivo. Lo dudaba, pero acepté el reto. El único consejo concreto que me dieron fue leer Diet for a Small Planet (Dieta para un planeta pequeño), uno de los libros más vendidos en 1971, de Frances Moore Lappé, que describía los impactos ambientales de la producción de carne. Lappé explicaba que el hambre en el mundo no estaba motivada por la falta de alimentos, sino más bien por la ineficacia de las políticas alimentarias y por la producción industrial de productos animales.

El médico me dijo que tendría que aprender a equilibrar mis aminoácidos. También me dijo que ser vegetariano es estar plenamente consciente del cuerpo y de los efectos que tienen en él los diferentes alimentos, que había que combinar los ingredientes adecuados para obtener el máximo rendimiento en términos de energía y bienestar. Por ejemplo, si solo comiera granos, no obtendría suficiente proteína. Sin embargo, balanceando los granos con soya, tendría energía más que suficiente para escalar una montaña. Pude comprobar lo acertado de este consejo años más tarde, cuando tuve que caminar y subir 300 kilómetros por el macizo del Annapurna en la cordillera del Himalaya, sin comer otra cosa que lentejas, arroz y verduras.

Por desgracia, mis entonces compañeros de tienda nunca tuvieron la oportunidad de decirme "Te lo dije". Perdí el contacto con ellos, pero seguí explorando el mundo y buscando mi lugar en él, prestando especial atención a qué y cómo comen las personas. En dos años, ya no quedaba ningún lugar por visitar en América del Norte, por lo que saqué un billete de ida a África, un viaje que me llevaría a cincuenta países en cinco años con un presupuesto de menos de 100 dólares por mes.

Durante la mayor parte de este largo viaje, seguí una dieta vegetariana aunque a veces comía carne cuando mis anfitriones me la ofrecían. Cuando se viaja con un presupuesto reducido, uno tiene que entregarse a la hospitalidad y generosidad de extraños. Y cuando tienes hambre y tu anfitrión mata a un pollo o una cabra para honrar a sus invitados, sería de muy mala educación no aceptarlos. Además, aprendí que equilibrar los aminoácidos, las vitaminas y las proteínas cuando se viaja a zonas remotas del mundo puede convertirse en todo un desafío, por lo que, si me daban la oportunidad, a veces elegía comer pescado o pollo.

EN EL PRINCIPIO...

Antes de seguir avanzando, retrocedamos un poco —bueno, mucho—, para echar un vistazo a cuál es nuestro lugar como humanos. La vida en el planeta Tierra surgió hace unos 3 800 millones de años, en un principio en forma de células procarióticas unicelulares, como las bacterias. Poco a poco, a lo largo de mil millones de años, fue evolucionando la vida multicelular y solo en los últimos 570 millones de años empezaron a desarrollarse el tipo de formas de vida con las que estamos hoy familiarizados, comenzando por los artrópodos y los peces.

Los animales (incluidos nosotros) se pueden dividir en seis grandes familias que van desde la más simple (invertebrados) hasta la más compleja (mamíferos).

Los invertebrados son las criaturas con las cuales nosotros, como mamíferos, tenemos menos en común, y por lo tanto, en mi opinión, no estaría mal comer. Los invertebrados fueron los primeros animales que evolucionaron hace mil millones de años, y como tales, se caracterizan por no tener espina dorsal ni esqueleto interno, así como por una anatomía y un comportamiento relativamente simples. Hoy en día, los invertebrados representan el 97 por ciento de las especies animales. Este variado grupo incluye insectos, gusanos, artrópodos, esponjas, moluscos, peces y pulpos. Los peces evolucionaron a partir de sus ancestros invertebrados hace unos 500 millones de años y han dominado los océanos, lagos y ríos del mundo desde entonces.

Los vertebrados son un grupo grande que se distingue por tener columna vertebral o espina dorsal. En este grupo figuran los anfibios, reptiles, peces, aves y mamíferos.

Veamos primero los anfibios. Los anfibios se caracterizan por un estilo de vida semi-acuático que les exige permanecer cerca de algún cuerpo de agua no solo para mantener la humedad de su piel sino también para poner sus huevos y reproducirse. Los anfibios se encuentran hoy entre los animales más amenazados de la tierra.

Los reptiles, como los anfibios, constituyen un porcentaje bastante reducido de los animales terrestres. Este grupo se puede dividir en cuatro categorías básicas: cocodrilos y caimanes, tortugas, serpientes y lagartos. Los reptiles se caracterizan por un metabolismo de sangre fría que se alimenta tomando el sol. A diferencia de los anfibios, su piel escamosa y sus huevos de cáscara más dura les permiten sobrevivir lejos de lagos, ríos o arroyos.

Después vienen los peces. Según FishBase, una completa base de datos en línea sobre especies de peces, habría 33 100 especies de peces en todo el mundo[1]. Eso es más que la suma total de todas las demás especies de vertebrados de la Tierra, incluidos mamíferos, anfibios, reptiles y aves.

Una reciente investigación dirigida por el Museo Americano de Historia Natural sugiere que existen alrededor de 18 000 especies de aves en el mundo[2], ofreciendo muchísima más variedad a nuestro menú que los mamíferos. Descendientes de los dinosaurios, las aves se caracterizan por sus abrigos de plumas, un metabolismo de sangre caliente y su capacidad para adaptarse a hábitats muy diversos, desde los avestruces de Australia hasta los pingüinos de la Antártida.

Pasemos ahora a los mamíferos, uno de los grupos de animales menos diversos de la Tierra conformado por apenas unas 5 000 especies de animales. En otros tiempos, vagaban por la superficie de este planeta infinidad de especies de mamíferos, creando un maravilloso tapiz de vida que cubría todos los continentes. Ahora, como resultado de la peor crisis de extinción de especies conocida desde la desaparición de los dinosaurios y la rápida expansión de la agricultura industrializada, el 96 por ciento de los mamíferos presentes hoy en la tierra son ganado, además de los humanos que se los comen[3]. Solo el cuatro por ciento son leones, tigres, osos, elefantes, jirafas, etc., y nuestros perros y gatos domésticos.

Los mamíferos se caracterizan por tener pelo o pelaje (todos los mamíferos lo tienen en alguna etapa de su ciclo de vida), por la leche con la que alimentan a sus crías y por su metabolismo de sangre caliente, lo que les permite habitar diversos hábitats, desde los desiertos del norte de África a la tundra ártica de Siberia.

La evolución de los mamíferos ha pasado por muchas etapas desde la aparición de nuestros antepasados hace unos 300 millones de años. Los primeros mamíferos que conocemos fueron los ponedores de huevos de la subclase Prototheria, que comenzó con algo parecido al ornitorrinco. Sin embargo, estos animales no nos interesan a los fines de este manifiesto, ya que en aquella época no había seres humanos por ahí pululando para comérselos.

Hoy en día, los mamíferos presentan variaciones de tamaño considerables, desde el murciélago abejorro, que mide unos 30–40 mm hasta la ballena azul, que alcanza los 30 metros. Todos los mamíferos modernos paren a sus crías, a excepción de cinco especies de mamíferos que ponen huevos (el ornitorrinco y cuatro especies de equidnas, todas nativas de Australia y Nueva Guinea). Sin embargo, como todos los mamíferos, los monotremas hembra amamantan a sus crías con leche.

La mayoría de las madres mamíferas, entre las que obviamente se encuentran nuestras propias madres humanas, cuentan con una placenta que facilita el intercambio de nutrientes y desechos entre la sangre del feto y la de la madre. Esta característica crea, naturalmente, un vínculo especial entre la madre y el bebé, inexistente en otros grupos de especies. Los grupos más amplios de mamíferos placentarios son los roedores, murciélagos y soricomorfos (musarañas y sus parientes). Los siguientes tres grandes órdenes, según la clasificación biológica utilizada, son los primates (simios y monos), los cetartiodáctilos (cetáceos y artiodáctilos) y los carnívoros (gatos, perros, focas y parientes). Todas las madres mamíferas que se encuentran en el menú de McDonalds, Subway y Domino's Pizza tienen placentas en sus vientres y glándulas mamarias (senos) para amamantar a sus crías.

NUESTRO CEREBRO

Todos los mamíferos tienen una estructura cerebral y un sistema nervioso notablemente similares. De todos los vertebrados, somos nosotros, los mamíferos, los que tenemos el cerebro más grande y complejo con respecto al tamaño de nuestro cuerpo. En promedio, el cerebro de un mamífero es aproximadamente dos veces mayor que el de un ave del mismo tamaño y diez veces más grande que el de un reptil del mismo tamaño.

Pero el tamaño, aunque es importante (sí, cuando se trata de cerebros, el tamaño sí importa), no es la única diferencia. También hay diferencias notables en la forma del cerebro. El cerebro posterior y el cerebro medio de los mamíferos son en términos generales similares a los de otros vertebrados, pero en la zona frontal aparecen diferencias radicales, al encontrarse muy agrandada y modificada su estructura[4]. Esta parte frontal de nuestro cerebro, llamada telencéfalo (que controla funciones como la memoria y el aprendizaje), es mucho más grande en los mamíferos que en los demás vertebrados.

La corteza cerebral también es muy diferente en los cerebros de los humanos y otros mamíferos que en el resto de los animales del planeta. La corteza cerebral es una capa externa de tejido neural, dividida en dos partes por la fisura longitudinal que divide el cerebro en los hemisferios izquierdo y derecho. En los vertebrados no mamíferos, la superficie del cerebro está revestida por una estructura de tres capas comparativamente simple llamada palio o manto. Sin embargo, en los mamíferos el palio se convierte en una compleja estructura de seis capas que los científicos llaman neocórtex[5]. Algunas zonas del borde del neocórtex, incluidos el hipocampo y la amígdala, también están mucho más desarrolladas en los mamíferos que en otros vertebrados[6].

CONCIENCIA

La conciencia no es un concepto fácil de definir. Se ha descrito como el estado de estar despierto y consciente de lo que está sucediendo a tu alrededor y de tener un sentido del yo. El filósofo francés del siglo XVII, René Descartes, planteó la noción del "cogito ergo sum" ("pienso, luego existo"), que es la idea de que el mero acto de pensar sobre la existencia de uno prueba que hay alguien que lo está pensando. Descartes también creía que la mente estaba separada del cuerpo material, un concepto conocido como dualidad mente-cuerpo. Sin embargo, si este concepto fuera cierto, ¿cómo podrías dejar a una persona inconsciente simplemente golpeándole la cabeza (e incluso lograr que pierda algo de memoria, si el golpe fue lo suficientemente fuerte)? Debe haber algo en la cabeza que posibilita la conciencia. Creo que ese "algo más" es lo que todos los mamíferos tienen en común.

Cuando descubrimos y aceptamos que todos los mamíferos tienen conciencia igual que nosotros, podemos llegar a la conclusión obvia de que debería reconsiderarse la forma en que los tratamos y comemos.

Cuando los mamíferos experimentan altos niveles de estrés, sus cuerpos liberan hormonas que degradan la calidad de la carne que está pegada a sus huesos, produciendo lo que la industria denomina carne "pálida, suave y exudativa", en el caso de los cerdos, y carne "oscura, firme y seca", en el caso de vacas y ovejas.

Estas hormonas del estrés, como la adrenalina, el cortisol y otros esteroides, pueden provocar problemas cardíacos, impotencia y fatiga general en los humanos que consumen esa carne[7]. Este fenómeno solo se ve en los mamíferos, tal vez porque los mamíferos tienen la conciencia de saber que están a punto de ser sacrificados y eso los asusta.

Algunas personas pueden argumentar que los humanos son los únicos mamíferos con conciencia. Claro, es lógico que si queremos comer mamíferos, tengamos que adoptar esta postura, ya que si fuéramos plenamente conscientes de lo conscientes que son todos los mamíferos, no podríamos comerlos con la conciencia tranquila. Creo que esta visión cambiará con el tiempo, a medida que nos vayamos haciendo más conscientes y más respetuosos con nuestros pares mamíferos. Después de todo, no hace tanto tiempo que, en mi propio país, Estados Unidos, las personas de ascendencia africana contaban a efectos legales como tres quintas partes de una persona[8]. Hoy en día, en Estados Unidos, ya es ampliamente aceptado que todos los humanos fueron, en realidad, creados iguales. Cuando descubrimos y aceptamos que todos los mamíferos tienen conciencia igual que nosotros, podemos llegar a la conclusión obvia de que debería reconsiderarse la forma en que los tratamos y comemos.

TABÚES CULTURALES Y RELIGIOSOS

En algunos casos particulares, las sociedades modernas han reflexionado sobre la moralidad de comer a nuestros pares mamíferos. En América del Norte y Europa, la mayoría de las personas que conozco se estremecerían ante la idea de comerse al "mejor amigo del hombre", el perro. Sin embargo, no nos tiembla el pulso al comer un perrito caliente, si está hecho a partir del primo cercano del perro, el cerdo, quien, según la mayoría de los estudios, es mucho más inteligente e intuitivo que el perro. Los cerdos han superado a los niños humanos de tres años en las pruebas de cognición y son más inteligentes que cualquier animal doméstico. En general, la investigación sugiere que los cerdos tienen una excelente memoria a largo plazo y son expertos en laberintos y otras pruebas que requieren la localización de determinados objetos. Incluso se les ha enseñado a armar rompecabezas simples, algo que un pollo o un pavo nunca podría hacer[9]. ¿Adónde quiero llegar con todo esto? Si vas a comer un perrito caliente, asegúrate de que sea de pollo o de pavo.

Alrededor de un tercio de la población del planeta —seguidores de la fe judía o la fe musulmana—, no come carne de cerdo por respeto a las Escrituras. Pero mucho antes de la aparición del Antiguo Testamento y del Corán, en el Medio Oriente ya se había eliminado el cerdo del menú. Esta decisión se tomó probablemente por razones económicas y de salud, una vez domesticados los pollos. Los pollos son una fuente de proteína más eficiente que los cerdos y solo se requieren unos 4 100 litros de agua para producir alrededor de un kilogramo de carne de pollo, mientras que para producir la misma cantidad de carne de cerdo se necesitan más de 5 600 litros de agua. Además, los pollos dan huevos, un importante producto secundario que los cerdos no producen. Los pollos son mucho más pequeños y pueden consumirse dentro de las 24 horas después de ser sacrificados, sorteando así la dificultad de conservar grandes cantidades de carne en climas cálidos. Los pollos también se transportan con mayor facilidad que los cerdos y, por lo tanto, probablemente por ello fueron elegidas como fuente de proteína animal por nuestros ancestros seminómadas.

Para los hindús también hay un mamífero especial que es tabú en la mesa. En la India, así como en otras comunidades hinduistas, como Trinidad, Bali y Fiji, matar y consumir vacas es un sacrilegio del más alto nivel.

Por su parte, la mayoría de los estadounidenses sin duda se atragantarían ante la idea de comer carne de caballo. Sin embargo, los caballos son considerados un manjar en muchos países de todo el mundo. En el menú de muchos restaurantes de México, Francia, Suiza, Kazajstán, Bélgica, Japón, Alemania, Indonesia, Polonia o China se puede encontrar carne de caballo.

En 2002, momento en que la República de Corea se preparaba para albergar la Copa del Mundo, Brigitte Bardot, actriz francesa convertida en activista de los derechos de los animales, encabezó una campaña mundial contra la práctica de Corea de comer perros, calificándola de "bárbara". La Federación Internacional de Asociaciones de Fútbol (FIFA) recibió miles de llamadas y cartas condenando la práctica. Corea inició una campaña de defensa, liderada por la oposición del Parlamento. El apoyo de los clientes de los 6 000 restaurantes que ofrecen una variedad de guisos, sopas y satays de perro regados con bebidas alcohólicas con sabor a gato pulverizado fue enorme[10].

Lo que llamó poderosamente mi atención es que los perros de alguna manera sienten cuando los humanos comen perros. Esto lo descubrí a través de una experiencia que tuve hace muchos años. Después de cenar un poco de canino asado en la remota provincia norteña de Benguet, en Filipinas, casi todos los perros con los que me crucé en la polvorienta calle después de esa comida me miraban y gruñían. Esa fue la primera y la última vez que comí carne de perro.

La mayoría de los occidentales se horrorizan ante la idea de comer carne de perro, y la mayoría de los estadounidenses también se estremecen ante la idea de una hamburguesa de carne de caballo. Uno de los objetivos de este libro es lograr que el lector, si es omnívoro en la actualidad, considere incluir también en su círculo de compasión a otros mamíferos.

LA CADENA ALIMENTARIA

Lo que en cualquier caso pretendo disipar aquí es el clásico mito de que necesitamos comer mamíferos para sobrevivir. Para los humanos, comer carne es una elección, no una necesidad. Somos omnívoros, no carnívoros. Otra cosa sería que nos encontrásemos en una situación en la que tuviéramos que matar algún animal para sobrevivir o en algún escenario desesperado en el que tuviéramos que elegir entre comer o ser comidos. Mi objetivo es presentar argumentos convincentes para cuando tengamos la opción de elegir entre matar a un mamífero o comer otra cosa, optemos por la otra cosa. Eso es lo que pretendo con este libro.

Para los humanos, comer carne es una elección, no una necesidad.

En ecología, una cadena alimentaria está formada por una serie de organismos que se comen los unos a los otros, de modo que tanto la energía como los nutrientes fluyen de uno a otro. Por ejemplo, el filete de tu cena, podría forma parte de una cadena alimentaria similar a la siguiente: pasto → vaca → humano. Cada una de las etapas del proceso constituye lo que llamamos un nivel trófico.

Los productores primarios son un grupo de organismos que producen su propio alimento. Al igual que en el ejemplo, las plantas son los principales productores dada su capacidad para fabricar sus propios alimentos a través de la fotosíntesis. En el siguiente nivel trófico de una cadena alimentaria o pirámide ecológica, se encuentran los organismos que se alimentan de los productores primarios, conocidos como consumidores primarios y son los herbívoros que, como las vacas o los hipopótamos, son los que se comen el pasto. Ocupan el siguiente nivel trófico aquellos organismos que se alimentan de los herbívoros, los llamados depredadores. En la cúspide de la pirámide se encuentran los depredadores alfa como los leones, los tigres o los osos.

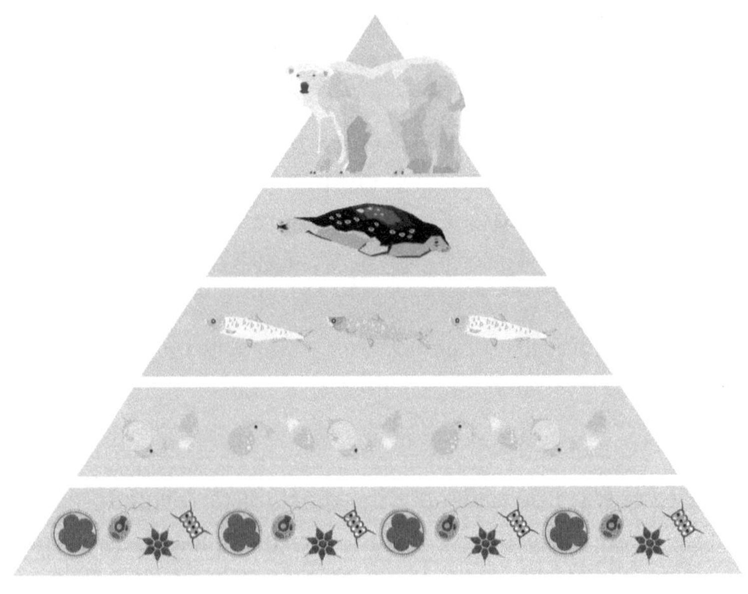

FIGURA 1: UNA PIRÁMIDE ECOLÓGICA SIMPLIFICADA

Con frecuencia, los humanos asumen que su lugar en la cima de esta pirámide ecológica es natural. Sin embargo, la ciencia no respalda este supuesto. En 2013, un grupo de investigadores franceses calculó los niveles tróficos humanos, y descubrió que, en una escala de 1 a 5, siendo 1 el puntaje de un productor primario (una planta) y 5 el de un depredador alfa puro, y basándose en su dieta, los humanos solo obtendrían una puntuación de 2,21, similar a la de una anchoa o un cerdo.

Bajo la dirección de Sylvain Bonhommeau, del Instituto Francés de Investigación para la Explotación del Mar (IFREMER), estos investigadores utilizaron datos compilados por la Organización de las Naciones Unidas para la Alimentación y la Agricultura (FAO) para construir modelos de las dietas de las personas en diferentes países y diferentes momentos de la historia. A continuación, utilizaron datos de 176 países desde 1961 hasta 2009 para calcular nuestro lugar en la cadena alimentaria. El cálculo del nivel trófico de los seres humanos fue muy sencillo: si la dieta de una persona está compuesta por una mitad de productos vegetales y otra mitad de productos cárnicos, su nivel trófico será de 2,5. Cuanto mayor sea la proporción de carne que incluya la dieta, más aumenta la puntuación; cuanto mayor sea la proporción de plantas, más disminuye.

Sus resultados confirmaron lo que el sentido común indicaba. Como especie, no somos depredadores de alto nivel que solo consumen carne, sino más bien omnívoros que nos alimentamos de un mix de plantas y animales[11]. La mejor prueba de esta afirmación se encuentra sin duda en nuestros dientes. Al igual que los carnívoros, tenemos incisivos para morder, desgarrar y arrancar la carne, y al igual que los herbívoros, tenemos muelas para masticar. Los animales con este tipo de variedad de dientes suelen ser omnívoros.

En otras palabras, podemos comer carne, pero no estamos obligados a hacerlo. Es una elección. Además, cuando elegimos comer carne, podemos elegir qué tipo de carne queremos comer: carne de mamífero o carne de otros animales entre los que no se encuentren nuestros primos hermanos. Sin embargo, hoy en día en muchos países desarrollados, como los Estados Unidos, las personas eligen comer mamíferos todos los días y, muy a menudo, varias veces al día.

LA CADENA DE LA COMIDA RÁPIDA

Nada ejemplifica mejor la fijación por la comida rápida de los Estados Unidos que la omnipresencia de los "Arcos Dorados". Las coordenadas N 45.45955 O 101.91356 identifican un punto en Dakota del Sur que posee la peculiar distinción de ser el "punto más McRemoto" de los 48 estados continentales[12]. El McDonald's más cercano a este punto se encuentra a unos 172 kilómetros de distancia en línea recta o unos 233 kilómetros en automóvil. Esto significa que, en cualquier parte del territorio continental de los Estados Unidos, un conductor hambriento siempre podrá encontrar un restaurante McDonald's en el radio de un tanque de gasolina. No se trata más que de un país, aunque es un país que consume muchas hamburguesas. En todo el mundo, a principios de 2019, más de 69 millones de personas comen en 36 899 restaurantes McDonald's y consumen "más de 75 hamburguesas cada segundo de cada minuto de cada hora de cada día del año", según el Manual de operaciones y capacitación de la compañía[13].

La producción mundial de carne industrializada ha transformado la cadena alimentaria en una cadena de comida rápida.

Dado que muchos de nosotros hemos optado por comer carne todos los días, la producción mundial de carne industrializada ha transformado la cadena alimentaria en una cadena de comida rápida. Solo en los Estados Unidos, la producción total de carne de mamíferos (carne de res, ternera, cerdo, cordero y oveja) alcanzó los 23 630 millones de kilogramos en 2017, tres por ciento más que el año anterior. Estas cifras provienen del Departamento de Agricultura de los Estados Unidos[14], pero no incluyen el número real de mamíferos sacrificados. La Sociedad Protectora de Animales de los Estados Unidos (HSUS, por sus siglas en inglés) indica en su sitio web que en el año 2015 se criaron y sacrificaron en el país un total de 28,7 millones de vacas (con un aumento del 4,3 por ciento con respecto al año anterior), 115 millones de cerdos, 2,2 millones de ovejas y corderos. Según el sitio web del Instituto Norteamericano de la Carne, durante el año fiscal 2018, el Gobierno federal de los Estados Unidos tenía registrados para su inspección 835 mataderos de ganado. A esto hay que sumar unas 3 773 plantas adicionales de procesamiento de carne de mamíferos.

Según la FAO, el consumo de carne de mamíferos en los países en desarrollo ha ido creciendo entre un cinco y un seis por ciento anual. Esta creciente expansión de la producción ganadera conlleva graves implicaciones ambientales, como, por ejemplo, la mayor extensión de terrenos dedicados a la explotación ganadera. El crecimiento del sector ganadero ha sido uno de los principales motivos de deforestación en muchos países, como Brasil y Argentina.

A nivel mundial, la producción industrial de carne de mamíferos se ha cuadruplicado en lo que llevo de vida, pasando de 78 millones de toneladas en 1963 (año de mi nacimiento) hasta el los 303 millones de toneladas que se computan hoy en día[15]. Sin embargo, la población humana del planeta apenas se ha duplicado. Las proyecciones indican que esta tendencia de producción de carne se va a mantener, especialmente a medida que las clases medias urbanas en crecimiento de China y otras economías emergentes vayan adoptando una dieta similar a la de América del Norte y Europa basada en hamburguesas y filetes. Según la FAO, la producción mundial de carne podría aumentar hasta los 447 millones de toneladas de aquí a 2050.

EL FACTOR MASCOTA

Si todos los gatos y perros que viven actualmente en los Estados Unidos estuvieran juntos en su propio país, ocuparían el quinto lugar en el consumo de carne de mamíferos de todo el mundo, detrás de Rusia, Brasil, Estados Unidos y China. En otras palabras, los gatos y perros de los Estados Unidos consumen más carne que todas las personas y mascotas de Francia y Alemania juntos. Tal como se describe en el capítulo sobre consideraciones ambientales, el impacto de la producción de toda esta carne sobre el medio ambiente es enorme. Según una investigación sobre el cambio climático realizada por el profesor Gregory Okin de la Universidad de California en Los Ángeles (UCLA), el consumo total de carne por parte de perros y gatos es responsable de la emisión de 64 millones de toneladas de dióxido de carbono al año, un impacto climático similar al de 13,6 millones de automóviles[16].

No obstante, esta situación se puede rectificar fácilmente con un poco de esfuerzo. Los científicos consideran que el gato es un carnívoro estricto, mientras que el perro sería omnívoro. Eso significa que los gatos comen carne, pero no tiene por qué ser carne de mamífero. Y aunque tendemos a pensar que nuestros perros necesitan carne, la realidad es que comen de todo. En el último capítulo, "Reflexiones finales y recomendaciones razonables, me detengo un poco más en el tema de la alimentación de nuestras mascotas.

En los siguientes capítulos se tratan los diferentes argumentos, o razones, para reducir o evitar el consumo de mamíferos, comenzando con la primera razón, que es la salud. Analizo a continuación el impacto de la producción ganadera industrializada en el medio ambiente, antes de pasar a los argumentos económicos que indican que deberíamos limitarnos al consumo de pescado, pollo o verduras.

MOTIVO 1:
TU SALUD

La **PRIMERA** *razón para reducir o eliminar*
el consumo de mamíferos de tu dieta
es muy simple. Hazlo por tu salud.

LA VERDAD ES QUE UNA DIETA A BASE DE MAMÍFEROS no es muy saludable. Diversos estudios empíricos han demostrado que reducir o eliminar los mamíferos de nuestra dieta puede ayudarnos a sumar años de vida y mejorar al mismo tiempo nuestro estado de salud durante esos años adicionales. Investigadores de la Universidad de Oxford estiman que para el año 2020, se podrán atribuir al consumo de mamíferos unos 2,4 millones de muertes anuales, así como una factura de atención médica de 285 000 millones de dólares para quienes se aferran a la vida en una cama de hospital. La Organización Mundial de la Salud relaciona estas muertes con la diabetes, las cardiopatías y el cáncer, enfermedades ligadas al consumo regular de carne de res, cordero y/o cerdo.

Un estudio realizado en enero de 2019 por la Comisión EAT-Lancet sobre alimentos, planeta y salud, fruto de la colaboración entre la Fundación EAT, The Lancet, Wellcome Trust y el Centro de Resiliencia de Estocolmo, describió la dieta saludable ideal, la mejor dieta para la salud del individuo y del planeta. Treinta y siete científicos de 16 países (todos expertos internacionales en salud, nutrición y sostenibilidad) argumentaron que, a pesar del rápido aumento del consumo de carne de mamíferos en los últimos años, una proporción significativa de personas en todo el mundo siguen desnutridas y padecen sobrepeso porque su alimentación carece de ciertos nutrientes esenciales. El informe reveló que estas dietas poco saludables representaban un mayor riesgo de muerte y enfermedad que "el consumo de riesgo de sexo, alcohol, drogas y tabaco juntos[17]".

Algunos nutricionistas se refieren a la "triple carga" de la desnutrición que pesa sobre la mayoría de los países: "desnutrición", "deficiencias en micronutrientes" y "sobrepeso y obesidad". También pueden coexistir diferentes formas de malnutrición dentro del mismo país, el mismo hogar, e incluso en el mismo individuo. Solo en los Estados Unidos, cuya tasa de consumo de carne de mamíferos es de las más altas del mundo (después de Argentina), la desnutrición, especialmente como deficiencia de micronutrientes y obesidad, es una realidad para muchos adultos y niños. De hecho, el 31 por ciento de los estadounidenses mayores de nueve años puede estar en riesgo de padecer una deficiencia de vitaminas o anemia; más del 70 por ciento de los adultos mayores de 20 años son obesos o tienen sobrepeso[18]; y alrededor del 14 por ciento de los niños menores de cinco años tienen problemas de peso[19].

Una de las razones que propician esta situación (aunque no es la única) es la obsesión por las hamburguesas. Un equipo de investigación del Slone Epidemiology Center de la Universidad de Boston analizó el vínculo entre el consumo de hamburguesas en restaurantes de comida rápida y la obesidad y descubrió una correlación directa[20]. Está bien documentado el vínculo entre la obesidad y ciertas enfermedades crónicas mortales (artritis, enfermedades cardiovasculares, hipertensión, diabetes tipo 2 y algunos tipos de cáncer, entre otros).

El historial de tiempos de guerra proporciona información esclarecedora sobre la correlación entre las dietas a base de animales y las tasas de morbilidad y mortalidad. Tal como se documentó en la película de 2011, *Tenedores sobre cuchillos*, durante la década de 1930, la sociedad noruega estaba experimentando un aumento continuado de las enfermedades cardiovasculares. Cuando los alemanes ocuparon Noruega en 1939, confiscaron todo el ganado y los animales de granja para abastecer a sus propias tropas en los territorios ocupados. Como consecuencia de esto, los noruegos se vieron obligados a comer pescado y alimentos de origen vegetal. Algo que se consideraba en principio una maldición, se convirtió sin embargo en bendición ya que las muertes por enfermedad coronaria se desplomaron durante los años que duró la guerra, de 1939 a 1945. Con el fin de la guerra, los noruegos pudieron finalmente recuperar sus vacas y sus cerdos... y las enfermedades coronarias volvieron a aumentar.

En la película, el Dr. Caldwell Esselstyn lo explica de esta manera: "La población nativa subsistía a base de granos integrales, legumbres, verduras y frutas. Casi inmediatamente las muertes por infarto y accidente cerebrovascular se desplomaron en Noruega. Con el cese de las hostilidades en 1945, se volvieron a consumir productos de origen animal, y las tasas de mortalidad a causa de estas enfermedades volvieron de inmediato a los niveles de antes de la guerra. Se trata de una poderosa lección de salud pública sobre la causa y la cura de nuestro asesino más común: la cardiopatía".

La proporción de hombres con baja concentración de espermatozoides resultó tres veces mayor entre los hijos de las mujeres que comían carne que entre los hombres cuyas madres no comían carne.

Algunas investigaciones recientes vinculan incluso la disminución de la calidad del esperma masculino con la ingesta de carne de res de las madres durante el embarazo. Un estudio realizado en cinco ciudades de Estados Unidos entre 1999 y 2005 analizó ciertos parámetros del semen en 387 compañeros de mujeres embarazadas para medir la cantidad de carne de res que sus madres declaraban haber comido durante el embarazo. La proporción de hombres con baja concentración de espermatozoides resultó tres veces mayor entre los hijos de las mujeres que comían carne que entre los hombres cuyas madres no comían carne[21]. Los investigadores determinaron que la principal causa del bajo recuento de espermatozoides eran los esteroides anabólicos y otros xenobióticos que se encuentran en la carne de ganado industrializada. En teoría, este problema no aplicaría a los hijos de madres que solo comieron carne de res de pastura, aunque no he logrado encontrar ningún estudio que lo confirme.

TU CORAZÓN

Sabemos desde hace mucho tiempo que los altos niveles de grasa saturada de la carne de mamíferos contribuyen a la proliferación de cardiopatías, la principal causa de muerte en los Estados Unidos hoy en día. Tu cuerpo necesita grasas saludables para obtener energía y otras funciones corporales, pero un exceso de grasa saturada puede hacer que se te acumule colesterol en las arterias, aumentando el riesgo de cardiopatía y accidente cerebrovascular.

Aquellas personas que comían aproximadamente 110 gramos de mamífero al día tenían más probabilidades de morir de cáncer o enfermedades del corazón.

Un estudio conjunto realizado en más de medio millón de estadounidenses de la tercera edad por los Institutos Nacionales de la Salud (NIH) y la Asociación Americana de Personas Jubiladas (AARP) concluyó que aquellos que comían la mayor cantidad de carne de mamíferos durante un período de diez años tenían más probabilidades de morir antes que los que comían cantidades menores. Aquellas personas que comían aproximadamente 110 gramos de mamífero al día tenían más probabilidades de morir de cáncer o enfermedades del corazón que los que comían menos, aproximadamente 15 gramos al día[22].

Un informe de la Escuela de Salud Pública de Harvard también determinó que el consumo regular de carne de mamíferos podría llevar a una muerte repentina o prematura[23]. Estos datos fueron extraídos de un estudio que dio seguimiento a más de 72 000 mujeres durante 18 años. Descubrieron que aquellas que seguían una dieta al estilo occidental rica en carnes rojas y procesadas corrían mayor riesgo de enfermedad cardíaca, cáncer y muerte. Otro estudio realizado por los mismos investigadores dio seguimiento a 121 000 hombres y mujeres durante 24 años. Todos los participantes presentaban información sobre sus dietas cada cuatro años. En el transcurso de este estudio, fallecieron cerca de 24 000 de los participantes. Las tasas de mortalidad entre las personas que comían más carne roja eran más altas que las de aquellas que no comían tanta. Se descubrió que las personas que comían una ración adicional de 85 gramos de carne roja por día presentaban un riesgo un 13 por ciento mayor de muerte prematura. Si esa ración de carne además era procesada (como el tocino o los perritos calientes), el riesgo era del 20 por ciento[24].

Una de las razones de la alta incidencia de enfermedades cardíacas en las personas que comen mamíferos es el N-óxido de trimetilamina (TMAO), un subproducto de la dieta que se forma en los estómagos de quienes comen carne de mamíferos. En tan solo un par de horas después de consumir un bistec, los niveles de TMAO en sangre se disparan. Este producto químico, que se ha relacionado definitivamente con la enfermedad cardíaca, se deriva en parte de algunos nutrientes que abundan en la carne de mamíferos. Uno de estos, la carnitina, se encuentra en la carne roja y de hecho deriva su nombre de la palabra latina carnis, raíz de la palabra carnívoro. La carnitina no es peligrosa en sí misma, pero cuando es metabolizada por las bacterias de los intestinos y termina ingresando en el torrente sanguíneo en forma de TMAO, se vuelve mortal[25].

En un esfuerzo por comprender mejor este fenómeno, 113 hombres y mujeres sanos se inscribieron en un ensayo clínico en el Instituto de Investigación Lerner de la Clínica Cleveland, un centro médico académico sin fines de lucro. Se les preparaba todas las comidas, con proteínas dietéticas provenientes ya fuera de carne de mamíferos, carne blanca o fuentes no cárnicas. En comparación con las personas que consumían dietas ricas en carne blanca o proteínas de origen vegetal, las personas que consumían una dieta rica en carne de mamíferos tenían unos niveles de TMAO tres veces superiores a los demás[26].

La buena noticia es que el aumento de TMAO es completamente reversible. Cuando los participantes del estudio suspendieron la dieta de carne de mamíferos y adoptaron una dieta sin carne de mamíferos o directamente sin nada de carne durante un mes, sus niveles de TMAO disminuyeron hasta niveles significativamente por debajo de los niveles asociados a las cardiopatías.

Si bien desde hace tiempo se sabe que los altos niveles de grasa saturada de la carne roja contribuyen a la aparición de enfermedades cardíacas en las personas en general, se ha descubierto hace relativamente poco que hay un subgrupo de la población puede tener un riesgo aún mayor por otro motivo completamente diferente: un alérgeno alimentario. Algunas de las investigaciones más recientes del Sistema de Salud de la Universidad de Virginia en Charlottesville están comenzando a revelar un vínculo empírico entre la carne de res y las respuestas alérgicas hasta en un 20 por ciento de la población. El alérgeno principal de la carne roja es un azúcar complejo recientemente identificado llamado galactosa-alfa-1,3-galactosa (alfa-gal), por lo que la mayoría de las personas ni siquiera saben que tienen ese problema. Su alergia desencadena una reacción inmunológica en cadena que lleva a la aterosclerosis o a una acumulación de placa adiposa en las arterias que se endurece con el tiempo, al estrechamiento de los vasos sanguíneos y, finalmente, a la parada cardíaca[27].

MAYOR RIESGO DE ACCIDENTE CEREBROVASCULAR

Los accidentes cerebrovasculares son causados por la formación de un coágulo de sangre o por la rotura de algún vaso sanguíneo que impide el riego sanguíneo del cerebro. Es la tercera causa de muerte en los Estados Unidos, al cobrarse unas 800 000 víctimas por año. El consumo frecuente de carne de mamíferos parece aumentar el riesgo de formar parte de este grupo. Según un estudio realizado por investigadores de la Escuela de Salud Pública de Harvard (HSPH, por sus siglas en inglés) y la Clínica Cleveland, los hombres que comían más de dos raciones de carne roja al día tenían un 28 por ciento más de riesgo de apoplejía que los hombres que comían en torno a un tercio de ración por día. Por su parte, las personas que comían pollo o pavo a diario presentaban un riesgo de apoplejía un 13 por ciento menor que aquellas que comían una ración diaria de carne roja[28].

---

*Los hombres que comían más de dos raciones
de carne roja al día tenían un 28 por ciento
más de riesgo de apoplejía.*

Los investigadores que dieron con estos hallazgos recopilaron datos de dos encuestas de salud a gran escala en las que se daba seguimiento a más de 10 000 hombres y mujeres en edad adulta durante más de 20 años. No es sorprendente que los investigadores hayan llegado a la conclusión de que sustituir una ración diaria de carne de mamífero por otras proteínas, como frutos secos o pescado, también reduce significativamente el riesgo de apoplejía.

CÁNCER

El cáncer es la segunda causa de muerte de los Estados Unidos, saldándose en 2015 cerca de 600 000 muertes[29]. La Organización Mundial de la Salud ha calificado la carne de mamíferos como probable carcinógeno y la carne de mamífero procesada, como la de los perritos calientes, como un carcinógeno demostrado, al mismo nivel que los cigarrillos y el asbesto. El análisis realizado por el Centro Internacional de Investigaciones sobre el Cáncer (CIIC) de la OMS reveló que comer 50 gramos de carne de mamífero procesada (aproximadamente 4 tiras de tocino o una sola salchicha) aumentaba el riesgo de cáncer colorrectal en un 18 por ciento[30].

Comer un perrito caliente al día aumenta la probabilidad de desarrollar cáncer colorrectal en un 21 por ciento.

Otro estudio realizado por la Universidad de Hawái va aún más lejos al afirmar que las carnes procesadas, como los perritos calientes, el jamón o las salchichas son responsables de un aumento del 67 por ciento en el riesgo de cáncer de páncreas.

El Instituto Americano para la Investigación del Cáncer afirma que comer un perrito caliente al día aumenta la probabilidad de desarrollar cáncer colorrectal en un 21 por ciento[31].

Un tema crucial al interpretar los resultados de cualquier prueba clínica es si la magnitud del efecto observado de una intervención concreta (como comer carne procesada) es clínicamente relevante. Son varias las mediciones que se utilizan para cuantificar la "magnitud del efecto" de una intervención: reducción absoluta del riesgo, reducción relativa del riesgo y el número de casos observados. Según los científicos, diferenciar bien estos términos puede ayudarnos a tomar decisiones clínicas razonables. Si bien los estudios mencionados aquí reportan una relativa reducción del riesgo, el hecho es que se detectaron aumentos en los cánceres en función del tipo de alimento que se consumía. Pero, evidentemente, la decisión clínica razonable de modificar o no la dieta de acuerdo con la información recopilada será elección de cada uno. La información está ahí para el que la quiera consultar.

DIABETES TIPO 2

Es bien sabido que la ingesta excesiva de azúcar y grasa puede aumentar el riesgo de contraer diabetes tipo 2, pero comer carne de mamíferos también puede aumentar estas probabilidades de forma exponencial. A la inversa, varios estudios han concluido que optar por el consumo de granos integrales, frutos secos, productos lácteos bajos en grasa, pescado y aves de corral en lugar de carne de mamíferos puede reducir significativamente el riesgo de diabetes.

Un estudio de 2012 publicado en la *Revista de la Asociación Médica Americana* analizó las muertes de casi 700 000 personas en 2012 por cardiopatía, derrames cerebrales y diabetes tipo 2.

Se descubrió que casi el 50 por ciento de estas muertes estaban relacionadas con malas elecciones de alimentos. Para aquellos que ya tenían diabetes, el riesgo de muerte aumentaba si consumían carnes procesadas[32].

Otro estudio publicado a principios de 2017 por investigadores de Finlandia analizó la dieta de más de 2 300 hombres de mediana edad entre 42 y 60 años. Al principio, ninguno de los participantes tenía diabetes tipo 2; 19 años después, 432 habían contraído la enfermedad. El estudio finlandés reveló que aquellos que comían más proteínas animales y menos proteínas vegetales presentaban un riesgo un 35 por ciento mayor de contraer diabetes. Los investigadores concluyeron que aumentar el consumo de proteínas provenientes de plantas y huevos podría ayudar a prevenir la diabetes tipo 2[33].

Personas que comían una ración de carne roja a diario presentaban un riesgo un 19 por ciento mayor de contraer diabetes.

Investigadores de la Universidad de Harvard también sintieron curiosidad por la relación entre el consumo de carne de mamíferos y la diabetes. Su amplia investigación concluyó que las personas que comían una ración de carne roja a diario presentaban un riesgo un 19 por ciento mayor de contraer diabetes tipo 2 que aquellas que no lo hacían. Una ración incluso más pequeña de carne roja procesada, como un perrito caliente o dos tiras de tocino, aumentaban en un 51 por ciento el riesgo de contraer diabetes[34].

EL MITO DE LA VITAMINA B12

Algunos de mis amigos que siguen aferrados a dietas centradas en mamíferos ponen la vitamina B12 como excusa. Ciertamente, necesitamos vitamina B12, es un nutriente esencial que ayuda a producir glóbulos rojos y mantener el sistema nervioso. Un déficit de vitamina B12 en la dieta puede provocar síntomas como anemia, estreñimiento, pérdida de apetito, dolor de lengua, dificultad para caminar, entumecimiento y hormigueo en los brazos o piernas, cambios de humor, desorientación y pérdida de memoria[35].

Si bien algunos sostienen que la carne roja es la mejor fuente de vitamina B12, esta vitamina también se puede encontrar en otros alimentos, como en los huevos, la leche o el pollo. Un huevo contiene 0,89 microgramos de vitamina B12 por cada 100 gramos, es decir, el 15 por ciento de la cantidad diaria recomendada (6 microgramos). La leche semidesnatada contiene 0,53 microgramos de vitamina B12 por cada 100 gramos, es decir, el nueve por ciento de la cantidad diaria recomendada, y 1,29 microgramos por taza (el 22 por ciento de la cantidad diaria recomendada). La leche contiene más vitamina B12 en su ración recomendada que los huevos o el pollo. La leche también es una buena fuente de proteínas, calcio, fósforo, potasio y riboflavina, así como de vitaminas A y D si está fortificada con estos nutrientes.

La carne de pollo con piel contiene 0,31 microgramos de vitamina B12 por 100 gramos, es decir, el cinco por ciento de la cantidad diaria recomendada, y 0,21 microgramos por ración de 115 gramos, lo que equivale al cuatro por ciento de la cantidad diaria recomendada. Tanto los huevos como la leche son buenas fuentes de vitamina B12. Sin embargo, el pollo también proporciona otros nutrientes, como proteínas, fósforo, niacina y vitamina B6, por lo que es una buena alternativa nutritiva a los mamíferos.

Otras buenas fuentes de B12 que no implican el sacrificio y consumo de nuestros pares mamíferos son las almejas, los mejillones, los cangrejos, el pescado, los cereales de desayuno fortificados, el pavo, el yogur o el queso.

UNA CRECIENTE RESISTENCIA A LOS ANTIBIÓTICOS

El volumen de antibióticos utilizados en la producción ganadera industrial es alucinante. Aproximadamente el 80 por ciento de los antibióticos vendidos en Estados Unidos están destinados a la producción ganadera y avícola. La inmensa mayoría se utiliza en animales sanos para acelerar su crecimiento o prevenir enfermedades en mamíferos criados en condiciones de hacinamiento o insalubres[36].

La industria ganadera sostiene que si bien el uso generalizado de antibióticos puede causar resistencia a los antibióticos en la granja, esto no constituye todavía un problema importante para la salud humana y, por lo tanto, no hace falta hacer grandes cambios en las prácticas actuales. Los abogados de la industria presentaron su argumento en una carta dirigida en junio de 2012 a la congresista Louise Slaughter del Comité de Reglas de la Cámara de Representantes de los Estados Unidos, firmada por la Federación Americana de Oficinas Agrícolas (AFBF), la Asociación Americana de la Industria Alimentaria (AFIA), el Instituto Norteamericano de la Carne (NAMI), el Instituto de Sanidad Animal (AHI), la Asociación Nacional de Ganaderos de Carne de Res (NCBA), la Asociación Nacional de la Carne, el Consejo Nacional de Productores de Cerdo (NPPC), entre otros. En la carta, estos grupos declararon que el uso de antibióticos en el ganado "contribuye poco o nada a los factores que influyen en la resistencia humana a los antibióticos...[37]"

Sin embargo, numerosos estudios han demostrado que los mamíferos de granja criados para ser sacrificados producen bacterias (por ejemplo, Salmonella, Campylobacter y Escherichia coli) que pueden transferirse a las personas. Esa transmisión puede ocurrir mediante el contacto humano directo con animales y también a través de alimentos producidos a partir de animales que portaban esa bacteria resistente. Además, las bacterias resistentes a los antibióticos pueden viajar desde la granja a través de la escorrentía de agua que transporta el estiércol y las partículas transportadas por el viento desde la granja hasta las comunidades cercanas[38].

Estas bacterias son con frecuencia resistentes a los antimicrobianos y pueden contaminar nuestro suministro de alimentos en algún punto del proceso, entre la granja y el tenedor. En 2010, la Administración de Medicamentos y Alimentos de los Estados Unidos, el Departamento Estadounidense de Agricultura y los Centros para el Control y la Prevención de Enfermedades declararon ante el Congreso que existe una conexión entre el uso habitual de antibióticos para la producción de carne y la disminución de la eficacia de los antibióticos administrados a las personas[39]. Las infecciones resistentes a los antimicrobianos (AMR) en humanos pueden producir enfermedades más prolongadas, mayor frecuencia de hospitalización y fallas en el tratamiento que pueden provocar la muerte.

Algunos de los tipos de bacterias que causan infecciones graves en humanos ya han desarrollado resistencia a la mayoría o a todos los tratamientos disponibles. Por lo tanto, nos estamos quedando sin opciones de tratamiento para este tipo de infecciones. La Organización Mundial de la Salud recomienda una reducción general en el uso de antibióticos en el ganado para ayudar a preservar la efectividad de estos medicamentos en su uso en la medicina aplicada a los humanos[40]. Mi propia recomendación, que resolvería completamente la amenaza de la resistencia a los antimicrobianos, consiste en reducir o eliminar completamente la producción industrial de carne para consumo humano.

LAS VACAS LOCAS Y OTRAS ENFERMEDADES

Los mamíferos también cuentan con un importante reservorio de enfermedades que pueden afectar a los humanos. Si bien el 60 por ciento de las enfermedades humanas se pueden compartir con otros mamíferos, el 75 por ciento de las nuevas enfermedades infecciosas humanas fueron identificadas inicialmente en otros mamíferos[41].

Un ejemplo de esto es la enfermedad de las vacas locas, o encefalopatía espongiforme bovina (EEB), una enfermedad contagiosa, de progresión lenta, degenerativa y mortal que afecta al sistema nervioso central del ganado adulto. Existe una versión humana de la enfermedad de las vacas locas, una variante llamada enfermedad de Creutzfeldt-Jakob, que puede provenir de la ingesta de la carne de una vaca que esté infectada con EEB.

El peor caso registrado de la enfermedad de las vacas locas fue en el Reino Unido a mediados de la década de 1980, cuando se creía que el ganado se había infectado a través del pienso compuesto de harina de carne y hueso que contenía los restos de otras cabezas de ganado y ciertos productos ovinos. La industria ganadera obligó a estos herbívoros a volverse carnívoros, y los resultados fueron horrorosos.

Este brote se extendió por todo el Reino Unido debido a esta práctica de alimentar a los terneros jóvenes de vacas lecheras con los restos de sus parientes cercanos sacrificados. Entre 1986 y 2015, se diagnosticó la enfermedad en más de 184 000 reses, con un pico de nuevos casos en 1993. En otras regiones del mundo se reportaron otros miles de casos adicionales. También se temía que algunos millones de cabezas ganado con esta patología hubieran entrado en el flujo alimentario durante el brote[42]. Para lidiar con la crisis, los británicos tuvieron que matar y quemar alrededor de 4,4 millones de vacas.

LA RESPUESTA DE LA INDUSTRIA

La industria de la carne quiere hacerte creer que su producto es bueno para tu salud. Este punto de vista no es una sorpresa, ya que la industria de la carne en general concentra 5,4 millones de empleos y mueve 257 000 millones de dólares en salarios solo en los Estados Unidos. Se estima que 527 019 personas trabajan en los procesos de producción y empaque, la importación, las ventas y la distribución directa de productos cárnicos y avícolas[43]. Esta descomunal industria tiene que hacer todo lo posible para mantener y aumentar sus ganancias. Los negocios son los negocios, y también un derecho amparado por la ley.

*La industria de la carne quiere hacerte creer
que su producto es bueno para tu salud.*

Cuando la Organización Mundial de la Salud publicó sus conclusiones de que el consumo de carne provoca cáncer, la industria respondió con dureza, cuestionando la credibilidad de los investigadores y sus resultados. Los líderes de prominentes empresas de procesamiento del sector defendieron la industria de la carne. La reacción a un estudio similar del Fondo Mundial para la Investigación del Cáncer, que relacionaba la carne procesada con el cáncer fue del mismo orden. Barry Carpenter, presidente y director ejecutivo del Instituto Norteamericano de la Carne (NAMI, por sus siglas en inglés) llegó incluso a declarar que no había una relación significativa entre la carne y el cáncer de colon, sino más bien lo contrario, llegando a afirmar que en algunos casos se daba un "efecto protector[44]" . El sitio web de NAMI anuncia, de hecho, que deberíamos comer más carne.

NAMI fijó el consumo promedio diario de carne para los estadounidenses en 136 gramos para hombres y 89 gramos para mujeres, con la recomendación de aumentar esa cantidad a 142 gramos para ambos grupos[45].

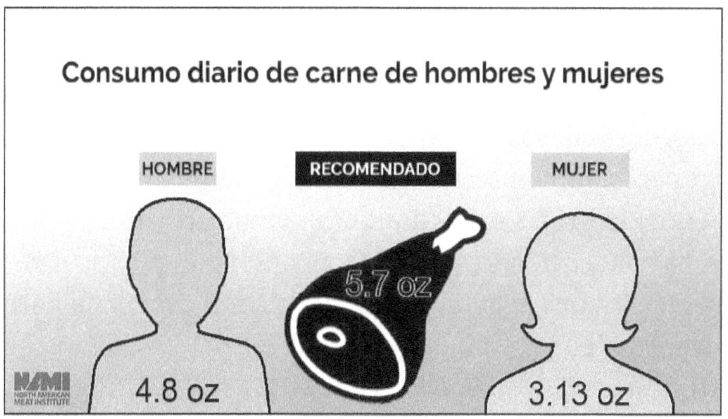

FIGURA 2: CONSUMO DIARIO DE CARNE DE HOMBRES Y MUJERES (FUENTE: NAMI)

En respuesta al informe publicado por EAT/Lancet en enero de 2019 en el que se pedía una reducción inmediata del consumo de carne de mamíferos para mejorar la salud humana, el Consejo Nacional de Productores de Cerdos emitió una declaración en la que afirmaba que la petición era radical, dudosa e incluso irresponsable. La Asociación Nacional de Ganaderos de Carne de Res emitió una declaración, calificando a la carne de res como "nutritiva y sostenible". Kay Johnson Smith, Presidente y CEO de Animal Agriculture Alliance, dijo que "las recomendaciones radicales de la Comisión de limitar drásticamente el consumo de carne y productos lácteos tendrían graves consecuencias para la salud de las personas y del planeta[46]".
Estas declaraciones en nombre de la industria cárnica no son sorprendentes, dado que la implementación de las recomendaciones de la OMS y EAT/Lancet afectaría muy negativamente los

márgenes de ganancia de esta industria, algo que evidentemente la industria preferiría evitar a toda costa.

HAZ TÚ MISMO LA PRUEBA

Muchas personas pueden responder a este capítulo argumentando que el jurado aún está deliberando sobre los efectos del consumo de carne en la salud humana. De hecho, se han trazado las líneas de batalla y la industria cárnica continúa luchando contra los defensores de los consumidores acerca de detalles concretos. Sin embargo, tú, como individuo, eres en última instancia el mejor juez de tu propia salud (junto con tu médico). Si este capítulo no te ha convencido lo suficiente, te desafío a que recurras a la misma táctica que apliqué en respuesta a mis dos compañeros de campamento en Wyoming: haz la prueba.

Dejar de comer mamíferos puede ser muy gratificante para tu cuerpo y tu mente, y no solo porque con ello reduces tu huella de carbono. También se ha demostrado que tiene beneficios para la salud, por ejemplo, la prevención de diversas enfermedades y la mejora de la salud digestiva. Ahora bien, tienes que planificar muy bien tu alimentación para asegurarte de que estás ingiriendo todos los nutrientes que tu cuerpo necesita. Puedes empezar por hacerte un chequeo médico integral para establecer una línea de base: prueba de esfuerzo, niveles de colesterol, porcentaje de grasa corporal, etc. Luego, reduce la cantidad de carne de mamífero que consumes en un 50 por ciento. Mejor aún, pásate directamente al pavo (literal, evita la vaca y come pavo). Cuando hayan transcurrido entre tres y seis meses, sal a caminar y mira a ver cómo te sientes. ¿Te sientes más fuerte, más ligero y con más energía? Lo más probable es que sientas todo lo eso. Pero hazte otro chequeo médico para comparar los resultados. Tras una reflexión, puede que adoptes con gusto los principios de este *Manifiesto por una dieta sin mamíferos*. Incluso puedes ir un poco más allá y cortar con todo tipo de carne. Lo que importa es que encuentres qué es lo que te va bien y equilibrarlo con lo que también le va bien a nuestro planeta, algo que abordaré en el próximo capítulo.

MOTIVO 2:
LAS CONSECUENCIAS
AMBIENTALES

La **SEGUNDA** *razón para reducir o eliminar*
el consumo de mamíferos de tu dieta
es que te preocupas por el medio ambiente
y dependes de él para tu propia supervivencia.

SEGÚN UN EXTENSO ESTUDIO realizado por la Unión de Científicos Preocupados, la producción y el consumo de carne de mamíferos es, en la actualidad, la segunda actividad de consumo más perjudicial para el medio ambiente a nivel mundial. La única actividad humana que entraña aún peores consecuencias para el planeta es nuestra dependencia de los combustibles fósiles y los motores de combustión interna para desplazarnos a nosotros mismos y todas nuestras cosas. Esto significa que si vas a comer en Alaska una hamburguesa elaborada a partir de una vaca criada en Brasil, estarás contribuyendo enormemente a la sanación del planeta si reconsideras tu elección culinaria.

En el capítulo anterior examinamos las consecuencias de una dieta centrada en mamíferos para la salud personal, y argumentábamos a favor de nuestra responsabilidad individual, algo así como ponernos el cinturón de seguridad o el casco de la moto. Este capítulo es más amplio ya que analiza cómo tus elecciones alimentarias pueden afectar a todos los demás.

La producción industrial y el consumo de
ganado están socavando los ecosistemas de
los cuales dependemos tú y yo y otros 7 600
millones de personas.

De acuerdo con *The Consumer's Guide to Effective Environmental Choices*, una guía que ayuda a tomar decisiones ambientales eficaces, medio kilogramos de carne de res puesto en la mesa genera una contaminación del agua y una alteración del hábitat 17 y 20 veces mayor, respectivamente, que la preparación de su equivalente calórico en pasta[47]. En la guía, Michael Brower y Warren Leon presentan 11 "acciones prioritarias" que instan a las personas a considerar, por ejemplo, qué automóvil conducen, qué electrodomésticos utilizan en sus hogares o la cantidad de carne incluida en sus dietas. Brower y Leon identificaron lo que consideran ser los cuatro principales problemas ambientales de nuestro estilo de vida occidental moderno, a saber, la contaminación atmosférica, el calentamiento global, la alteración de los hábitats y la contaminación del agua. A continuación, dividieron nuestras actividades domésticas en categorías generales y categorías específicas y las clasificaron según su influencia en estos cuatro grandes problemas ambientales. Según estos autores, una de las mayores aportaciones que puedes hacer a título personal para sanar el planeta, además de cambiar tu automóvil por una bicicleta, es dejar de comer mamíferos.

La producción industrial y el consumo de ganado están socavando los ecosistemas de los cuales dependemos tú y yo y otros 7 600 millones de personas. Durante los últimos milenios, hemos disfrutado de un período de relativa estabilidad climática que ha permitido a los humanos instalarse, cultivar y crear civilizaciones. Según la Unión Internacional de Ciencias Geológicas (IUGS), organización profesional encargada de definir la escala de tiempo de la Tierra, este período reciente se conoce como la época del Holoceno ("completamente reciente"). Comenzó hace 11 700 años tras la última gran era glacial.

Muchos científicos especulan ahora con que estamos abandonando el período del Holoceno y entrando en el "Antropoceno" (de anthropo, "hombre", y cene, "nuevo" - un nuevo entorno global condicionado por la actividad humana). El libro de John W. Kress y Jeffrey K. Stine publicado en 2017 y titulado *Living in the Anthropocene: Earth in the Age of Humans* (que en español sería *Vivir en el Antropoceno: La Tierra en la era de los humanos*), analiza en profundidad esta nueva era. Los autores relatan que las causas fundamentales de la era del Antropoceno son la propagación de la agricultura, la contaminación y la urbanización. Como veremos aquí, la gran dependencia del consumo de carne de mamíferos es una de las razones principales de la expansión insostenible de la agricultura.

En octubre de 2018, científicos de todo el mundo advirtieron que debíamos reducir drásticamente la cantidad de carne de mamífero que comemos o las consecuencias serían apocalípticas. En particular, el consumo de carne de vacuno y el consumo de carne de cerdo deberían disminuir en un 90 y un 80 por ciento, respectivamente, si queremos restablecer el equilibrio ecológico y aumentar nuestras posibilidades de supervivencia a largo plazo[48]. La diferencia del 10 por ciento entre ambos está vinculada a los índices de eficiencia de conversión de grano a carne (la producción de carne de res requiere más recursos que la carne de cerdo). Esta investigación, dirigida por la Universidad de Oxford, es la más completa hasta la fecha, y combina datos de todos los países para evaluar el impacto general de la producción de alimentos en el medio ambiente mundial.

*Comer un kilogramo de carne de res genera
más emisiones de gases de efecto invernadero
y contaminación que conducir un automóvil
durante tres horas.*

Sin embargo, a pesar de los llamamientos urgentes para reducir el consumo de carne de mamíferos, la tendencia sigue avanzando en la dirección opuesta. Con el desarrollo de muchos países, gran parte del mundo está adoptando unos estándares de vida estadounidenses y europeos con la consiguiente fijación de comer mamíferos. En los Estados Unidos, una persona come hoy en día alrededor de 118 kilogramos de carne por año, mientras que el británico promedio consume alrededor de 77 kilogramos[49].

De la mano del aumento de los ingresos, el consumo de carne de mamíferos en China se multiplicó por siete en las tres últimas décadas y media. A principios de la década de 1980, cuando China todavía no había superado los mil millones de habitantes, una persona comía en promedio alrededor de 13,5 kilogramos de carne por año. Hoy, con 380 millones de personas más, este promedio alcanza casi los 63,5 kilogramos por persona y año. Con este aumento de la población, el país oriental consume el doble de carne de mamíferos que Estados Unidos: el 28 por ciento del total mundial. Y esta cifra no para de aumentar[50].

La mayor parte de África y del sur de Asia consumen menos de 20 kilogramos de carne de mamífero al año. Con actuales las tasas de crecimiento, es muy probable que el consumo mundial de carne de mamíferos haya duplicado de aquí al año 2050, según fuentes de la FAO[51]. Sencillamente, el planeta no puede soportar la producción industrial de tanta carne, a menos que se descubran e implementen soluciones radicales. En el capítulo final se ofrecen algunas posibles soluciones, pero una de las más obvias es reducir y abogar por la reducción de la producción y el consumo de carne de mamíferos.

CAMBIO CLIMÁTICO

La Tierra sería una roca sin vida como la Luna si no fuera por la delgada capa de atmósfera que nos rodea, la cual atrapa la energía solar y aísla la superficie de la Tierra del helado espacio exterior. La forma en que la atmósfera atrapa la energía solar se denomina efecto invernadero, ya que el efecto es como un invernadero o un automóvil cerrado que se calienta bajo el sol. En nuestro planeta, las ventanas transparentes que evitan que el calor se escape al espacio exterior están formadas por ciertos gases de la atmósfera, principalmente vapor de agua, dióxido de carbono y metano. Este delicado equilibrio entre los celestiales rayos solares y el dióxido de carbono (o CO2) es lo que hace que nuestra Tierra sea un lugar tan agradable para vivir.

Desde los albores de la historia, la cantidad de CO_2 contenida en la atmósfera se mantuvo estable en una proporción de aproximadamente 280 partes por millón (ppm), lo que significa que de cada millón de moléculas de aire, 280 de ellas eran de dióxido de carbono. Se trata de una fracción de atmósfera muy pequeña (0,028 por ciento), pero esa es exactamente la cantidad de dióxido de carbono necesaria para absorber solo el calor suficiente para que el planeta pueda mantener la temperatura promedio general a la que nosotros, y todo lo demás que hay en la Tierra, nos hemos acostumbrado a vivir y prosperar.

La Administración Nacional Oceánica y Atmosférica (NOAA, por sus siglas en inglés) es una agencia científica estadounidense del Departamento de Comercio de los Estados Unidos que se ocupa de la situación de los océanos, las principales vías fluviales y la atmósfera. Según la NOAA, el nivel de CO2 en la atmósfera está cambiando y aumentando rápidamente. Estos científicos dicen que el promedio mundial de dióxido de carbono en la atmósfera en 2017 era de 405 partes por millón, con un rango de incertidumbre de más o menos 0,1 ppm[52].

La última vez que las cantidades de CO2 en la atmósfera alcanzaron este nivel fue hace más de tres millones de años, momento en que la temperatura era aproximadamente 3° C (5,4° F) más alta que durante la era preindustrial, y el nivel del mar estaba unos 15–25 metros más elevado que en la actualidad. 25 metros de diferencia en el nivel del mar acabarían con la mayoría de las actuales ciudades costeras, convirtiendo lugares como Manhattan en la Atlántida.

Los científicos creen que las temperaturas globales seguirán aumentando durante las próximas décadas, en gran parte debido a los gases de efecto invernadero producidos por las actividades humanas que aún no han alcanzado los niveles superiores de la atmósfera. El Grupo Intergubernamental de Expertos sobre el Cambio Climático (IPCC, por sus siglas en inglés), formado por más de 1 300 científicos de los Estados Unidos y países de todo el mundo, pronosticó un aumento promedio de la temperatura de entre 1,4 a 5,5 grados Celsius durante el próximo siglo[53].

Y ENTONCES, ¿QUÉ TIENE QUE VER TU BISTEC CON TODO ESO?

Mientras que la generación de energía, el transporte y la construcción son algunos de los objetivos más habituales que los gobiernos identifican para intentar reducir las emisiones, el impacto de la producción de alimentos se ha pasado por alto. Sin embargo, si nos fijamos en la tendencia actual, con una agricultura intensiva cada vez más orientada hacia la producción ganadera, la producción de alimentos ya se ha convertido también en un importante factor a tener en cuenta.

En gran parte del mundo, se han ido talando los bosques para dar paso al ganado. La ineficiente agricultura destinada a la alimentación del ganado, junto con las emisiones de metano de las vacas y el uso de fertilizantes, genera tantas emisiones de gases de efecto invernadero como todos los automóviles, camiones y aviones del mundo juntos[54]. Para producir un kilogramo de carne de res se generan alrededor de 26 kilogramos de dióxido de carbono, el valor más alto de los 197 alimentos examinados utilizando los datos de disponibilidad de alimentos del Departamento de Agricultura (USDA) y un metanálisis de la bibliografía relativa a los factores de emisión para varios tipos de alimentos[55].

Según Akifumi Ogino, del Instituto Nacional de Ganadería y Ciencia de los Pastizales, en Tsukuba (Japón), comer un kilogramo de carne de res genera más emisiones de gases de efecto invernadero y contaminación que conducir un automóvil durante tres horas. Ogino y su equipo analizaron la producción de terneros y se centraron en el manejo de animales y los efectos de producir y transportar alimentos[56].

Una investigación exhaustiva, dirigida por científicos de el Oxford Martin School, reveló que pasarse a una dieta principalmente vegetariana o incluso simplemente reducir el consumo de carne a niveles saludables según los valores aceptados, reduciría de manera significativa los gases de efecto invernadero[57]. Un informe publicado en 2013 por la FAO reveló que el 14,5 por ciento de todas las emisiones generadas por el hombre provienen del consumo de mamíferos. El informe, Enfrentando el cambio climático a través de la ganadería, indica que la producción de carne de res y de leche de vaca concentran la mayor parte de las emisiones, acaparando el 41 y el 19 por ciento de las emisiones del sector, respectivamente. Se encuentra en segundo lugar la producción de carne de cerdo, con un nueve por ciento a las emisiones del sector[58].

Según el estudio de la FAO, las principales fuentes de emisiones son la producción y el procesamiento de piensos (45 por ciento del total, con el nueve por ciento atribuible a la expansión de los pastos y cultivos de piensos en los bosques); la fermentación proveniente de los rumiantes (39 por ciento); y la descomposición del estiércol (10 por ciento). El resto de las emisiones de carbono de la producción de carne es atribuible al procesamiento y transporte de la carne en sí.

El informe señala además que el sector ganadero puede realizar una importante contribución a los esfuerzos internacionales para frenar el cambio climático al compensar voluntariamente algunos de los aumentos de emisiones del sector, ya que se espera que la demanda mundial de productos pecuarios crezca en un 70 por ciento de aquí a 2050[59].

Hay que decir, no obstante, que la industria de la carne de res se está esforzando por reducir su huella de carbono. La Asociación Nacional de Ganaderos de Carne de Res, una asociación de comercio para productores de carne de res, afirma que gracias a las mejoras logradas en la genética del ganado y en los métodos de producción en 2015 se necesitó un tercio menos de cabezas de ganado que en 1975 que para producir la misma cantidad de carne[60].

DESAPARICIÓN DE BOSQUES Y DEGRADACIÓN DE LA TIERRA

La calidad de nuestra tierra, nuestro mar y nuestras aguas se está deteriorando tan rápidamente que nuestros ecosistemas pronto serán incapaces sostener la vida tal como la conocemos hoy. La industria ganadera ya ha degradado el 20 por ciento de todos los pastizales del mundo a través del sobrepastoreo. También está haciendo un uso excesivo de nuestros limitados recursos de agua dulce y ha causado la muerte de vastas zonas oceánicas debido a la escorrentía de nitrógeno y fósforo que proviene de los fertilizantes químicos[61].

---

*Solo cuatro productos (carne de res,
soya, aceite de palma y producción
de madera) son los que impulsan
la mayoría de la deforestación tropical. De
ellos, la carne vacuna es la que ejerce, con
mucho, el mayor impacto.*

La pérdida de bosques tropicales primarios —los reductos más salvajes y diversos—, ha aumentado hasta en un 25 por ciento desde la década de los noventa. Estamos perdiendo más de 32 000 hectáreas de selva tropical por día, y degradando significativamente otras 32 000 hectáreas por día. La desaparición de árboles trae consigo la desaparición de unas 135 especies de plantas, animales e insectos por día, unas 50 000 por año. Se considera que la ganadería es uno de los factores principales que motivan la tala de bosques, tanto para el ganado en sí, como para cultivar su alimento[62].

Solo cuatro productos (carne de res, soya, aceite de palma y producción de madera) son los que impulsan la mayoría de la deforestación tropical. De ellos, la carne vacuna es la que ejerce, con mucho, el mayor impacto. La conversión de bosque en pasto para el ganado, fenómeno que se da en su mayoría en América Latina, acaba cada año con 2,71 millones de hectáreas de bosque tropical, una superficie similar al estado de Massachusetts[63].

Lo que motiva esta incesante tala de selvas tropicales es la creciente demanda de carne de res, sumado al hecho de que gran parte de las tierras de pastoreo quedan improductivas al cabo de pocos años (un máximo de diez). La tierra sufre pérdidas sustanciales en términos de fertilidad y erosión porque los nutrientes del suelo se agotan rápidamente después del desmonte y los pastos son pronto reemplazados por una vegetación menos útil, de manera que los agricultores tienen que desmontar más bosques tropicales para alimentar y apacentar su ganado[64].

Los datos de la Asociación Brasileña de Exportadores de Carne de Res muestran que las exportaciones de carne de res de ese país aumentaron un 20 por ciento en 2017 alcanzando las 132 000 toneladas, y un 11 por ciento adicional en 2018 alcanzando las 178 000 toneladas[65]. ¿Cuántas vacas brasileñas se requieren para producir 178 000 toneladas de carne de res? Un buey se queda en 340 kilogramos de después sacarle la grasa y el músculo. Si retiramos los huesos, tendremos unos 222 kilogramos de carne de vacuno deshuesada. Las 178 000 toneladas de buey exportadas en 2018 se traducen en 178 000 000 kilogramos de carne. Si dividimos esta cifra por 222, sabremos que alrededor de 801 000 vacas son sacrificadas al año solo en Brasil. Piensa en la cantidad de tierra que se necesita para producir todas esas vacas año tras año, y podrán empezar a hacerte una idea de lo que está sucediendo en la selva tropical.

IMPACTO EN LOS ESCASOS RECURSOS HÍDRICOS

Nuestra dieta basada en mamíferos también supone un devastador doble revés para nuestros escasos recursos de agua dulce. En primer lugar, la cantidad de agua requerida para cultivar el alimento de vacas y cerdos es abrumadora. Un informe publicado en enero de 2012 en *National Geographic* señaló que la cantidad de agua dedicada al riego de los cultivos destinados a alimentar el ganado es casi tres veces superior a la cantidad de agua necesaria para la producción de todos los demás alimentos juntos. Por otro lado, las vacas lecheras requieren mucha menos agua y sus productos (principalmente leche y queso) aportan la mayor cantidad de calorías a las dietas de los estadounidenses, sin necesidad de matar a la vaca[66].

La cantidad de agua requerida para cultivar el alimento de vacas y cerdos es abrumadora.

Solo el 55 por ciento de las calorías de las cosechas de todo el mundo son consumidas directamente por personas. El 36 por ciento se utiliza para la alimentación animal, y el nueve por ciento restante se destina a biocombustibles y otros usos industriales. Según algunos estudios recientes, es probable que la demanda mundial de cultivos aumente en un 60–120 por ciento para el año 2050 (utilizando como referencia el año 2005[67]). Según un análisis realizado en 2011, el 75 por ciento de todas las tierras agrícolas (incluidas las tierras de cultivo y pastizales) está destinado a la producción animal y, sobre todo y de lejos, a producir carne de mamíferos[68].

En unos suelos cada vez más empobrecidos, se está tornando muy difícil cultivar alimento suficiente para alimentar a todas las vacas y cerdos. Así, los agricultores están recurriendo a fertilizantes ricos en nitrógeno para sus cultivos. Estos fertilizantes contienen productos químicos que se van filtrando en nuestros acuíferos de agua dulce llegando hasta nuestros océanos. Como consecuencia de esto, la proliferación de algas está chupando todo el oxígeno del agua e impidiendo el desarrollo de la vida. Y estas "zonas muertas" se están expandiendo como una descomunal plaga: la Administración Nacional Oceánica y Atmosférica

(NOAA, por sus siglas en inglés) de los Estados Unidos anunció en agosto de 2017 que la zona muerta del Golfo de México a lo largo de la costa de los Estados Unidos era la más extensa jamás registrada, con una superficie de 2 272 974 hectáreas, similar al estado de New Hampshire o Massachusetts.

IMAGEN SATELITAL DEL GOLFO DE MÉXICO EN 2017. EL AGUA DE COLOR CLARO ES EL SEDIMENTO A MENUDO RICO EN NUTRIENTES QUE FLUYE HACIA EL AGUA DE LAS PROFUNDIDADES DEL OCÉANO. ESTOS NUTRIENTES FACILITAN EL CRECIMIENTO DE LAS FLORACIONES DE FITOPLANCTON, LAS CUALES GENERAN CONDICIONES HIPÓXICAS. FUENTE: NASA

OTROS MOTIVOS POR LOS CUALES LOS PECES ESTÁN DESAPARECIENDO

Las Naciones Unidas informaron recientemente que casi el 90 por ciento de las poblaciones de peces marinos de todo el mundo se han sido explotadas, sobreexplotadas o agotadas en su totalidad[69]. Debido a este exceso de captura de peces, las 17 áreas de pesca más importantes del mundo han alcanzado o superado sus límites naturales, y es cada vez más frecuente que pescadores de todo el mundo regresan al puerto con las redes vacías.

Se podría pensar que todos estos peces están desapareciendo porque nosotros los humanos nos los estamos comiendo. Me sorprendió saber que más de un tercio de todos los peces capturados en el mar se alimentan al ganado o a los peces de cultivo como una forma de canibalismo acuícola[70]. Por lo tanto, la industria ganadera está matando la vida marina en masa, tanto a través de la escorrentía de nitrógeno de una agricultura ineficiente para el cultivo de alimentos, como a través de la sobrepesca para alimentar vacas hambrientas y peces de piscifactoría.

Más de un tercio de todos los peces capturados
en el mar alimentan al ganado.

Según Sustainable Fisheries, un grupo de científicos de la pesca de la Universidad de Washington, alrededor del 33 por ciento de las poblaciones de peces del mundo están siendo explotadas más allá de los límites razonables de la sostenibilidad[71]. Sí, has oído bien. Un tercio de los peces que quedan todavía padecen sobrepesca. Dado que los estudios muestran que 31,5 millones de toneladas o 37 por ciento de todos los peces que se extraen de los océanos del mundo cada año se utilizan para alimentar ganado, podríamos restablecer el equilibrio simplemente deteniendo la práctica de alimentar a las vacas con peces, o comiendo menos vacas.

AVANZANDO EN LA DIRECCIÓN CORRECTA

Como se señaló anteriormente, mientras que en los países de mercados emergentes como China se está comiendo en promedio más carne de mamíferos que antes, otros países están comenzando lentamente a despertarse y darse cuenta de las consecuencias de sus actos. Según una encuesta realizada en 2017 por el Consejo de Defensa de los Recursos Naturales de los Estados Unidos, los estadounidenses redujeron su consumo de carne en un 19 por ciento entre 2005 y 2014. Estos cambios positivos en la dieta estadounidense global lograron una reducción de emisiones equivalente a la de 57 millones de automóviles, a pesar de haber experimentado un crecimiento demográfico de alrededor del 9 por ciento[72].

El consumo de carne en los Estados Unidos, en conjunto, ha ido decayendo desde el pico de 2007, según el Departamento de Agricultura de los Estados Unidos. El consumo de carne de res per cápita llegó a su máximo en 1976, pero siguió siendo la carne favorita de los Estados Unidos hasta mediados de los años 90, cuando fue superada por la carne de pollo[73].

Mintel, una compañía de investigación de mercado, encuestó a los consumidores para ver por qué los estadounidenses comen menos carne. De este grupo, el 37 por ciento citó el costo de la carne de res como la razón principal. Estos encuestados dijeron que consumían otros tipos de proteínas como pollo o tofu debido a su menor costo. Más de una cuarta parte del grupo atribuyó el cambio a su preocupación por el colesterol y las grasas saturadas. Otro estudio encuestó a adultos que habían dejado de comer carne por completo. De los encuestados, el 52 por ciento mencionó el gusto como la principal razón para comer proteínas de origen vegetal, superando las preocupaciones sobre la dieta (10 por ciento), la protección de los animales (11 por ciento), el medio ambiente (13 por ciento) y la salud (39 por ciento)[74].

En otro estudio realizado por investigadores del Centro Johns Hopkins para un Futuro Vivible, se recopilaron respuestas de una muestra representativa a nivel nacional de 1 112 estadounidenses adultos mayores de 18 años. El estudio reveló que el 41 por ciento de los estadounidenses está reduciendo su consumo de carne de mamíferos, mientras que el 55 por ciento ya no está comiendo carnes procesadas. De los que informaron comer menos carne de mamíferos y procesada, el 37 por ciento indicó que aumentaron su consumo de carne de otras fuentes, como aves de corral o mariscos[75].

Sea cual sea la razón por la que los estadounidenses están comiendo menos mamíferos, está claro que, si bien su salud está mejorando con respecto a su elección, los demás también nos estamos beneficiando al tener un entorno más estable y limpio. Esperemos que este impulso positivo continúe.

MOTIVO 3:
ASPECTOS ECONÓMICOS

*La **TERCERA** razón para reducir o eliminar
el consumo de mamíferos de su dieta se debe a que
es económicamente ineficiente e insostenible.*

ESTA SECCIÓN ABORDA LAS CONSIDERACIONES ECONÓMICAS de producción, distribución y consumo de bienes y servicios: los insumos de granos, pesticidas, mano de obra, agua, tierra, animales, etc., que se destinan a la producción de carne de mamíferos para el consumo público.

Si las externalidades negativas de la producción industrial de carne de mamíferos estuvieran incluidas en el precio, la carne sería muy, pero que muy cara; sería, de hecho, un artículo de lujo que solo podría consumirse como algo muy especial y, en todo caso, rara vez. El problema es que el precio NO refleja el verdadero costo. Sin embargo, como Charles Portis nos recuerda en su libro *True Grit,* "En este mundo, debes pagar por todo, de una manera u otra".

*La conversión industrial de calorías de plantas
a animales —especialmente, mamíferos—, no
supone una política económica*

La conversión industrial de calorías de plantas a animales —especialmente, mamíferos—, no supone una política económica acertada en un mundo cada vez más superpoblado. Es increíblemente ineficiente. La producción de mamíferos provoca una enorme pérdida de las calorías que se cultivan en los campos, ya que deben cultivarse cereales y semillas oleaginosas para alimentar a estos animales. Según el Programa de las

Naciones Unidas para el Medio Ambiente (PNUMA), las calorías que se pierden al alimentar a los animales con cereales, en lugar de usarse directamente como alimento humano, podrían alimentar a más de 3 500 millones de personas al año.

Además, la carne de mamífero es una fuente de calorías ineficiente. Casi el 60 por ciento de las tierras agrícolas de todo el planeta se utilizan hoy en día para la producción de carne de res, y sin embargo, esta carne representa menos del dos por ciento de las calorías consumidas en todo el mundo. La carne de res representa el 24 por ciento del consumo de carne en el mundo y, sin embargo, requiere 3 000 millones de hectáreas de terreno para producirla. Solo en los Estados Unidos, el 70 por ciento de la producción agrícola se destina a la alimentación del ganado. En América del Sur y América Central, cada año se talan 2 millones de hectáreas de selva tropical para crear pastizales para ganado[76]. Todos estos insumos económicos apenas sirven para producir... ¡el 17 por ciento de las calorías que consumimos!

Según la organización ambiental EarthSave, se necesitan unos 9 500 litros de agua, 5,5 kilogramos de grano, 16 kilogramos de tierra vegetal y la energía equivalente a casi cuatro litros de gasolina para producir apenas medio kilo de carne de res. La revista de noticias británica de corte conservador, *The Economist*, estima que se requieren seis kilogramos de grano para producir un kilogramo de carne de cordero mientras que en el caso de "la carne de res, esta proporción comienza en cinco a uno y va hasta veinte a uno", dependiendo de cómo y dónde se críe la vaca.

Por otro lado, la proporción en el caso del pollo es de dos a uno. En otras palabras, se necesitan dos kilogramos de alimento para producir un kilogramo de pollo[77].

Un cálculo de National Geographic afirma que se necesitan 2 500 litros de agua para producir una sola hamburguesa[78]. Esa cantidad de agua alcanzaría para tres duchas de agua caliente de diez minutos. Si estás intentando o necesitas no gastar mucha agua, puede que tu pareja prefiera que te ahorres esa hamburguesa y no las tres duchas.

Estos nitratos están contaminando hoy en día el suministro público de agua de casi 1 700 comunidades de los Estados Unidos.

Para hacer honor a la verdad, la industria ganadera de los Estados Unidos está logrando reducir esta proporción. Un artículo publicado en Mother Jones destaca varias técnicas que los ganaderos están implementando para romper con la escandalosa dependencia del maíz, la soja y el heno en la alimentación de sus vacas. El aserrín es una gran apuesta, después de eliminar la lignina, la cual dificulta su digestión. La lignina se elimina empapando el aserrín en ácido nítrico. También se está alimentando a las vacas excedentes de ositos de gominola, malvaviscos, caramelos duros, confites, chocolate, maíz dulce y mezclas para chocolate caliente. Los caramelos y dulces proporcionan el azúcar que las vacas obtendrían normalmente del maíz, dándoles más energía y engordándolas más. Por último, también se está utilizando estiércol de pollo, piedra caliza molida y tripas de cangrejo para intentar mantener bajo control los costos de alimentación[79].

UNA ECONOMÍA DE COSTOS REALES

La economía de costos reales es un modelo económico que busca incluir el costo de las externalidades negativas en la fijación de precios de bienes y servicios. Un costo externo es el costo impuesto a un tercero por la producción o el consumo de un bien o servicio. Los productos y servicios pueden causar, directa o indirectamente, consecuencias perjudiciales para los seres vivos y/o el medio ambiente, que tarde o temprano habrá que pagar. El verdadero costo de un producto o servicio podría determinarse con mayor precisión si se tienen en cuenta estos costos. Algunos ejemplos de costos externos pueden ser el costo de desechar el producto al final de su vida útil; la degradación ambiental causada por sus emisiones, contaminantes y desechos desde su producción; o los costos sociales asociados con el aumento del desempleo debido a la mayor automatización. Se considera que la externalización extrema de los costos totales de un producto o servicio constituye una falla del mercado porque todos tendrán que pagar más tarde por algo que no todo el mundo consumió hoy. En otras palabras, una falla del mercado es una situación en la que la asignación de bienes y servicios por un mercado libre no es eficiente, lo que a menudo conduce a una pérdida neta para la sociedad en general.

Los economistas consideran que el cambio climático es una falla del mercado, ya que impone enormes costos y riesgos a las generaciones futuras que tendrán que sufrir las consecuencias de nuestras acciones. Estos costos y riesgos no se suelen reflejar en los precios actuales del mercado. Para superar esta falla del mercado, argumentan, tenemos que internalizar los costos de los daños ambientales futuros poniendo un precio a lo que causa ese daño, a saber, las emisiones de carbono.

Con esta perspectiva en mente, veamos brevemente el costo económico de una hamburguesa en términos de contaminación de gases de efecto invernadero. Es difícil poner un precio preciso en el costo de este carbono, pero la valoración monetaria oficial (costo) de la contaminación de gases de efecto invernadero por parte del Gobierno de los Estados Unidos es de aproximadamente 37 dólares por tonelada métrica de emisiones de CO_2. Según otras fuentes, la cifra sería diez veces mayor. Si utilizamos los cálculos estándar de la producción de carne de res que se manejaron en la sección sobre el medio ambiente, el costo monetario de las emisiones de carbono producidas en promedio por una hamburguesa con queso puede oscilar entre 15 (según la tasa oficial del Gobierno de los Estados Unidos) y 24 centavos de dólar (fuentes independientes conservadoras), o llegar incluso a 1,20 dólares (tasa independiente alta). En cualquier caso, tomando el promedio de estas tres estimaciones, habría que sumar 53 centavos al costo de una hamburguesa estándar[80].

Veamos ahora los costos sustanciales directos (aunque externos) de la atención de salud derivada de una dieta centrada en mamíferos y los costos indirectos que resultan de la atención no remunerada de familiares o amigos y los días de trabajo perdidos. La carga económica que la obesidad y algunas otras enfermedades crónicas mortales (artritis, enfermedades cardiovasculares, hipertensión, diabetes tipo 2 y algunos cánceres, entre otros), producto de una dieta rica en carne de mamíferos, infligen sobre la sociedad es enorme. Se calcula que los costos médicos directos relacionados con la dieta rondan actualmente los 231 000 millones de dólares anuales. De esa cantidad, se estima que solo en 2005 Estados Unidos se gastó 190 000 millones de dólares en atención médica relacionada con la obesidad[81].

En un informe publicado en las Actas de la Academia Nacional de Ciencias, Marco Springmann y sus colegas de la Universidad de Oxford realizaron un amplio estudio para determinar el verdadero costo que recae sobre la sociedad de continuar manteniendo una dieta centrada en el consumo de mamíferos. Springmann y su equipo proyectaron varios escenarios dietéticos posibles para 2050, comparando los costos relativos al cuidado de la salud y el clima. Los resultados revelaron que si el mundo continúa con su actual dieta, tan cargada de carne, y no se pasa a una dieta que cumpla con las pautas dietéticas recomendadas, el costo para la economía mundial podría ascender hasta los 1,6 billones de dólares al año de aquí a 2050[82].

De todos los países del mundo, Estados Unidos es el país que más ahorraría si pusiera freno a su preferencia por la carne. Dados los altísimos costos de la atención de salud per cápita, se estima que Estados Unidos se podría ahorrar unos 180 000 millones de dólares al año si su población respetara las pautas dietéticas recomendadas, y más de 250 000 millones de dólares si se evitaran, en general, los alimentos de origen animal, más que China o toda Europa junta. Este cálculo ni siquiera incluye el número de muertes relacionadas con la obesidad y las enfermedades crónicas que podrían evitarse (al menos 320 000 por año), ni los beneficios asociados con la reducción del nivel de emisiones de gases de efecto invernadero. Springmann y su equipo realizaron otra estimación utilizando una medición no tan intuitiva llamada el "valor de una vida estadística", según la cual el ahorro de no comer carne ascendería a entre 2 y 3 billones de dólares anuales solo en los Estados Unidos, y entre 20 y 30 billones anuales en todo el mundo.

Gráfica #1: La insensatez económica de la producción de carne de res

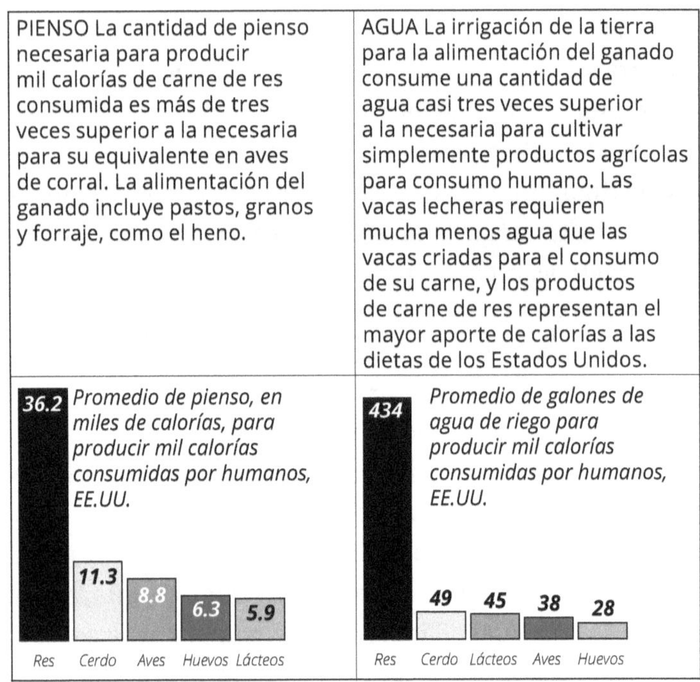

EL COSTO DEL AGUA CONTAMINADA

Hay otros costos que no son tan fáciles de calcular, pero que, sin embargo, son reales y deberían incluirse en cualquier discusión sobre los verdaderos costos económicos que una dieta centrada en la carne de mamíferos impone a la sociedad.

Veamos, por ejemplo, los elevados niveles de nitratos que ingresan en el suministro de agua como consecuencia de los fertilizantes químicos utilizados para cultivar el maíz que sirve de alimento al ganado. Estos nitratos están contaminando hoy en día el suministro público de agua de casi 1 700 comunidades de los Estados Unidos a unos niveles que, según el Instituto Nacional del Cáncer, podrían aumentar el riesgo de cáncer[83]. Según los datos federales, unos dos tercios de estas comunidades (1 155 sistemas que dan suministro de agua a más de tres millones de personas) carecen de los sistemas de tratamiento adecuados para reducir las concentraciones de nitratos a niveles más seguros.

Este fenómeno genera costos para la sociedad que inevitablemente alguien en algún lugar deberá pagar. Algunas de las opciones son que los hogares compren agua embotellada, que los costos se transfieran al sector de la salud cuando las personas se enfermen, o que los gobiernos locales suban los impuestos para poder limpiar el desastre.

Eliminar los nitratos del agua corriente sale muy caro y estos costos deben ser absorbidos mediante impuestos locales directos, bonos municipales o aumentos en la factura del agua. La ciudad de Des Moines tuvo que invertir no hace mucho 3,7 millones de dólares en la construcción de una planta de tratamiento de agua precisamente por este motivo[84]. En octubre de 2017, Hiawatha, en el estado de Kansas, construyó una planta por valor de 3,5 millones de dólares para hacer frente a unos niveles de nitrato tan altos que hubo que alertar a los residentes de que no consumieran el agua que llegaba a sus hogares[85]. En 2005, la ciudad de Chino, California, tuvo que invertir 4,6 millones de dólares en un sistema de intercambio iónico para hacer frente a unos niveles de nitratos peligrosamente altos[86].

OPORTUNIDADES DESPERDICIADAS

Según las cifras de la Institución Británica de Ingenieros Mecánicos, alrededor del 50 por ciento de todos los alimentos producidos en el mundo cada año terminan en la basura[87]. Esta pésima planificación económica me preocupa especialmente, teniendo en cuenta la cantidad de personas que todas las noche se van a dormir sin haber probado bocado. La Organización de las Naciones Unidas para la Agricultura y la Alimentación (FAO, por sus siglas en inglés) calcula que de los 7 600 millones de personas que hay en el mundo, unos 815 millones sufren de desnutrición crónica, lo cual les impide llevar una vida activa y saludable. Además, el número de personas que pasan hambre en este mundo está en aumento (una de cada nueve personas en la actualidad), mientras que los avances realizados para acabar con las múltiples formas de desnutrición son escasos.

Un tercio de los alimentos producidos para el consumo humano en el mundo cada año, es decir, 1 300 millones de toneladas, se echan a perder o se desperdician.

Según la FAO, cerca de un tercio de los alimentos producidos para el consumo humano en el mundo cada año, es decir, 1 300 millones de toneladas, se echan a perder o se desperdician. Una persona promedio en América del Norte y Europa desperdicia hasta 115 kg de alimentos al año, mientras que los consumidores de África subsahariana y del sur y el sudeste de Asia desperdician unos 11 kg al año[88]. Aparte de lo grotesco de esta situación frente a la tragedia de la inanición, este desperdicio de alimentos supone también un gran despilfarro de recursos, como agua, tierra, energía, trabajo y capital, además de las emisiones de gases de efecto invernadero innecesarias que se producen y que contribuyen al calentamiento global y al cambio climático.

Como vimos anteriormente, casi el 60 por ciento de las tierras agrícolas de todo el planeta se utilizan hoy en día para la producción de carne de res, y sin embargo, esta carne representa menos del dos por ciento de las calorías consumidas en todo el mundo. Al producir toda esta carne, estamos desperdiciando la oportunidad de alimentar a aquellos que no tienen suficiente para comer. Al engordar a las vacas con enormes cantidades de productos agrícolas, para que a su vez podamos comer la carne de esas vacas, estamos, consciente o inconscientemente, desperdiciando la oportunidad de crecer y proporcionar alimentos a quienes cada noche se acuestan con hambre. Y lo que es peor, por intentar recortar presupuestos y alimentar a las vacas con vacas muertas, hemos terminado teniendo que matar y quemar los cadáveres de 4,4 millones de vacas... para nada. Podemos hacer las cosas mejor. Debemos hacer las cosas mejor.

MOTIVO 4:
TAMBIÉN SOMOS MAMÍFEROS

*La **CUARTA** razón para reducir o eliminar el consumo de mamíferos de tu dieta es que mantenemos una relación especial y cercana con todos los mamíferos.*

EN ESTE CAPÍTULO FINAL, intentaré argumentar que también tendríamos reducir o eliminar nuestro consumo de mamíferos porque, como mamíferos, deberíamos cuidarnos los unos a los otros. Ellos ponen el lomo, y nosotros deberíamos hacer lo mismo... pero para protegernos los unos a los otros, no para comernos los unos a los otros. Nosotros, los mamíferos, nos parecemos mucho entre nosotros y estamos más conectados de lo que la mayoría de nosotros somos conscientes. Comernos a otros mamíferos raya el canibalismo.

No hace falta buscar muy lejos para encontrar ejemplos de mamíferos que se cuidan entre sí con características muy humanas, e incluso ejemplos de otros mamíferos que han salvado y protegido a humanos. En este capítulo, presentaré en primer lugar algunos casos del mundo real antes de dar un rápido paseo por los mundos imaginarios de nuestra infancia, momento en que realmente establecemos vínculos muy estrechos con amigos mamíferos de lo más variopinto.

SIMILITUDES GENÉTICAS ENTRE MAMÍFEROS

En el gran esquema de la historia humana, nuestro conocimiento sobre la evolución y la secuenciación del ADN es un descubrimiento relativamente reciente. Esta ciencia nos ha permitido ver cuán estrechamente relacionados estamos como especie con todos los demás seres vivos que habitan el planeta. Genéticamente hablando, tenemos mucho más en común con nuestros compañeros mamíferos que con el resto de los seres vivos de la Tierra. Los seres con los que compartimos una mayor cercanía genética son, por supuesto, nuestros pares humanos, con quienes compartimos el 99,9 por ciento de nuestros genes.

El chimpancé y otro simio, el bonobo, son nuestros parientes vivos más cercanos[89]. Nos parecemos a ellos en muchos sentidos, tanto en el cuerpo como en el comportamiento… ¿tal vez porque compartimos el 98,8 por ciento de nuestro ADN?

Algunas investigaciones en curso están revelando que también nos parecemos mucho al cerdo. Un estudio financiado por el Consejo Europeo de Investigación en 2011 descubrió que estamos genéticamente más cerca del cerdo y de su primo, el jabalí, que de los ratones, los perros, los caballos o las vacas[90].

Para los investigadores médicos este descubrimiento no supuso ninguna sorpresa. Ya estamos utilizando partes de cerdos para tratar diversas patologías médicas. Por ejemplo, la insulina de las inyecciones para humanos se deriva generalmente de los cerdos, y el estrógeno de las píldoras anticonceptivas también. Los cirujanos plásticos usan rellenos dérmicos hechos de grasa de cerdo. Las quemaduras graves se tratan a menudo con injertos de piel extraídos de la epidermis de los cerdos. Los investigadores también han descubierto que cuando se combinan genes humanos con genes de cerdo, parecen fusionarse a la perfección[91].

El perro podrá ser el mejor amigo del hombre, pero solo comparte con nosotros el 84 por ciento de su ADN[92]. Y a los amantes de los gatos les encantará escuchar que sus amigos felinos son incluso más parecidos a nosotros que los perros. Un estudio de 2007 reveló que alrededor del 90 por ciento de los genes del gato doméstico abisinio son similares a los humanos. Según el Proyecto de Secuenciación del Genoma Bovino, un consorcio internacional de más de 300 científicos de 25 países que trabajaron durante seis años para completar la secuencia genética de la vaca de carne en 2009, el ganado domesticado comparte alrededor del 80 por ciento de sus genes con los humanos[93]. El 80 por ciento parece entonces ser la línea divisoria para nosotros, los mamíferos. Por debajo de esa línea, con un 65 por ciento de semejanza, llegamos a los pollos.

CHOCA LA... CABEZA

Una de las primeras cosas que me llamó la atención de nuestros compañeros mamíferos es la forma en que ellos, y nosotros, nos saludamos. No he visto esta misma relación en otras especies de animales, solo en los mamíferos, lo que me lleva a pensar que todos los mamíferos poseen una conciencia como la nuestra, y una profunda conciencia de los lazos que compartimos entre nosotros.

Todos los mamíferos poseen una conciencia como la nuestra, y una profunda conciencia de los lazos que compartimos entre nosotros.

Para los maoríes del Pacífico Sur, el saludo tradicional entre dos personas consiste en unir su nariz y su frente con la nariz y la frente de la persona a la que estamos saludando. Es como un choque de cabezas, que los maoríes llaman *hongi*. Este saludo se utiliza en las reuniones tradicionales maoríes y en las principales ceremonias. En el hongi, el intercambio de *Hā* (aliento de vida) es una muestra simbólica de unidad. A través del intercambio que tienen lugar con este saludo, uno ya no se considera *manuhiri* —visitante—, sino *tangata whenua* —persona de la tierra—[94].

Para los Inuit del extremo Norte, entre los que figuran los Kalaallit de Groenlandia, los Inuvialuit de Canadá, y los Inupiaq, los Yuplit y los Alutiiq de Alaska, el saludo de nariz con un ser querido se llama kunik. Es una expresión de afecto que consiste en presionar la nariz y el labio superior contra la piel (comúnmente la frente) y respirar[95]. En el archipiélago de Socotra, en Yemen, los hombres se saludan con la nariz una o tres veces, como gesto de amistad y respeto.

Los nómadas mongoles del desierto de Gobi tienen una práctica similar, al igual que ciertas culturas del sudeste asiático, como los bengalíes, camboyanos, laosianos, tailandeses, vietnamitas, timorenses, sabuíes, sumbeses e ibaneses. Los árabes también juntan los puentes de sus narices como saludo tradicional cuando se reúnen con miembros de la misma tribu, familia o clan. Muchos budistas e hindúes creen que tenemos un tercer ojo en el medio de nuestras frentes y al conectar estos ojos con los de otras personas se abre un canal para un intercambio de energía y comunicación tácita.

Estos rituales de saludo también parecen ser comunes entre otros mamíferos, desde gatos y perros hasta jirafas y elefantes. He visto a mamíferos "dándose la cabeza" en todo el mundo: jirafas, vacas, alces, e incluso elefantes.

Si alguna vez has visto a una perra acercarse a una camada de cachorros que no son suyos, puedes notar que baja la cabeza y, con su nariz, va tocando la nariz de cada uno de ellos. Acaricia los rostros de algunos y olfatea otras partes de sus cuerpos; sin embargo, el primer contacto es casi siempre de nariz a nariz. Los psicólogos que estudian la comunicación con animales dicen que este contacto con el hocico parece ser parte de un ritual de saludo[96]. Los gatos usan este saludo de la nariz prácticamente con cualquier gato que se le acerque y que no parezca amenazador.

Si aún no has experimentado un abrazo de cabeza con otro mamífero, inténtalo (puede ser con tu pareja o con cualquiera de los animales que se muestran a continuación), puede que te sorprendas con el resultado.

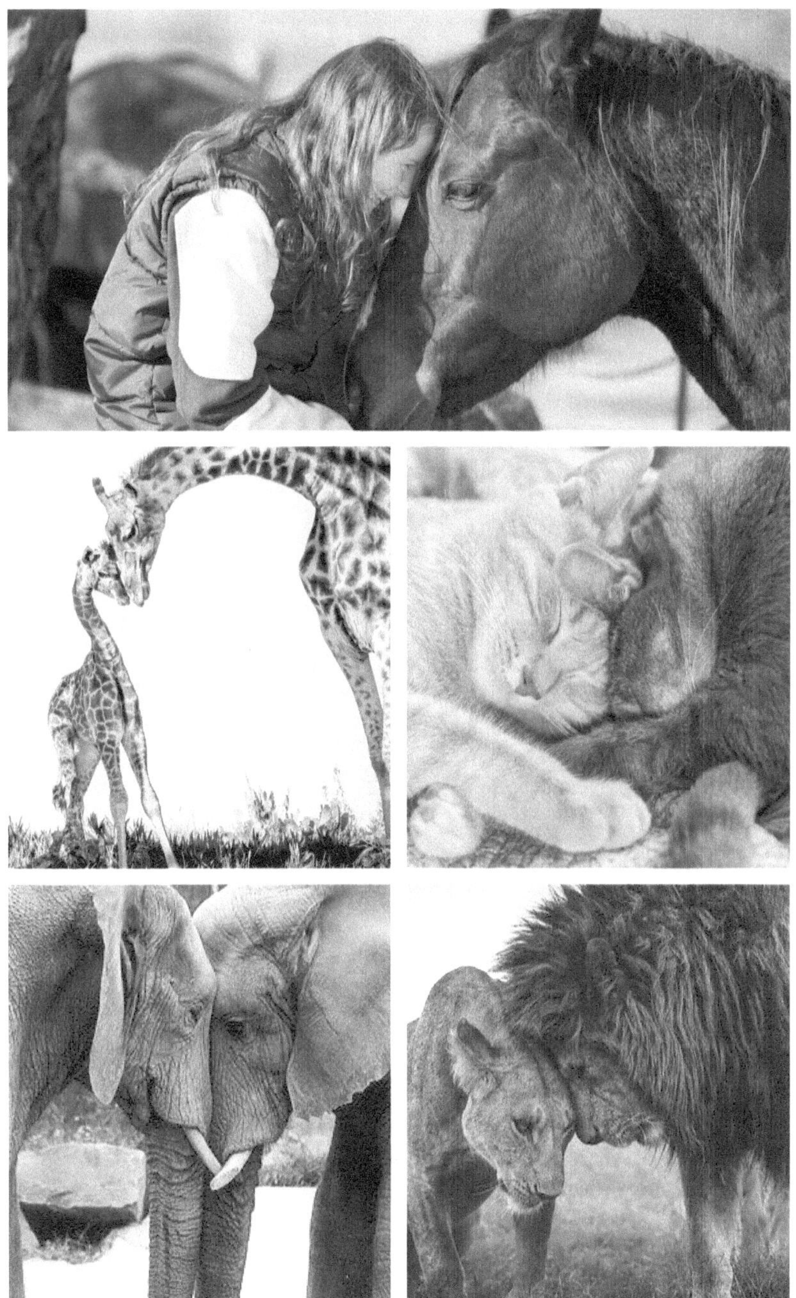

MAMÍFEROS AL RESCATE

Durante gran parte de mi vida, me he ido encontrando en los medios de comunicación con relatos de mamíferos que rescatan a humanos. Siempre tomaba nota mentalmente y pensaba: "vaya, qué interesante", pero nunca le había prestado realmente demasiada atención hasta que en un momento se me empezaron a acumular demasiados relatos de este tipo. Si bien es obvio que algunos de los mamíferos de esta sección no corren ningún riesgo de que nadie se los coma, mi objetivo aquí es sentar las bases de un nuevo paradigma en el que todos los mamíferos seamos parte de una familia, nuestra familia, y por lo tanto, estar todos incluidos en nuestros círculos de compasión.

Mientras viajaba por Bangladesh en la década de 1980, leí en un periódico local un relato sobre un niño que había sido arrastrado al mar por un huracán mientras un tsunami arrasaba su aldea. Dos días más tarde, el muchacho fue avistado por un pescador, sobre la espalda de dos delfines. Traté de buscar esa historia, pero no la encontré. Sin embargo, en el camino encontré otras muchas.

"ES TODO, PUERCO, ES TODO"

Un estudio de la Universidad de Emory, en el Reino Unido, reveló que los cerdos comparten varias capacidades cognitivas con otras especies altamente inteligentes, como perros, chimpancés, elefantes, delfines y seres humanos. Esta investigación indica que los cerdos tienen una excelente memoria a largo plazo y gran habilidad para moverse en laberintos y superar otras pruebas que requieren la localización de objetos. Además, pueden construir relaciones entre sí y también con otros compañeros mamíferos[97].

---

*Los cerdos tienen una excelente memoria a
largo plazo y gran habilidad para moverse en
laberintos y superar otras pruebas.*

En 1997, en el Medio Oeste de los Estados Unidos, Jo Ann y Jack Altsman se comprometieron a cuidar a Lulú, el cerdo vietnamita de su hija, mientras la hija se iba de vacaciones. Se encariñaron tanto con el cerdo que decidieron quedárselo en su casa en Pennsylvania. Lulú crecía y crecía, hasta pasar de 2 kg a 70 kg en un año. En agosto de 1998, Jack estaba pescando en el lago Erie cuando Jo Ann, de 61 años, sufrió un ataque al corazón, el segundo en dieciocho meses. Lanzó un despertador a través de la ventana con la esperanza de llamar su atención, pero fue en vano. Su perro, Bear, un esquimal americano, se limitó a ladrar.

Según el reportaje[98], al principio Lulú "dejó escapar enormes lágrimas", pero después pasó a la acción, apretó su obeso cuerpo contra la puerta del perro y abrió la puerta principal. Cada vez que pasaba un automóvil, se apostaba en medio de la carretera frente al vehículo que se estaba aproximando. Esta actividad se prolongó durante unos 45 minutos, pero todos los automóviles la rodeaban y seguían su rumbo. Finalmente, uno se detuvo. El conductor bajó y siguió a Lulú hasta la casa, donde se encontró a Jo Anne yaciendo inconsciente en el suelo. El automovilista llamó inmediatamente al 911 y se envió un helicóptero. Jo Ann fue trasladada hasta el hospital, donde los médicos declararon que si hubiera llegado quince minutos más tarde, habría fallecido.

EL PERRO, EL MEJOR AMIGO DEL HOMBRE

No creo que los lectores de este libro necesiten demasiados argumentos para no incluir a los perros en sus menús. Sin embargo, los perros son mamíferos y, como tales, son genéticamente similares a todos los mamíferos del menú del Black Angus Steakhouse, y por lo tanto, dignos de mención aquí en nuestro análisis sobre el vínculo con los mamíferos.

No hace falta que expliquemos por qué decimos que el perro es "el mejor amigo del hombre", al menos en los países occidentales. Como humanos, nos enorgullecemos de nuestros perros. A menudo se los mostramos a los demás como si fueran nuestros propios hijos. Jugamos con nuestros perros, los mantenemos cerca de nosotros y confiamos en ellos por muchas razones, entre ellas la seguridad, la amistad y la compasión. Confiamos en los perros también para aplicar la ley y en operaciones militares.

Todo dueño de un perro sabe que tener un perro tiene múltiples beneficios, desde ladrar a los intrusos hasta la lealtad de su compañía. Pero para las personas con discapacidad, la presencia de un perro puede ser fundamental en su día a día. El apoyo emocional y el confort que les brindan sus mascotas les permite lidiar con desafíos que de otro modo podrían comprometer su calidad de vida en general. Estas mascotas prestan servicio y apoyo emocional. También se los puede entrenar como perros de apoyo psiquiátrico para ayudar a personas cuya discapacidad tiene su origen en alguna enfermedad mental. Estos perros pueden detectar el inicio de crisis psiquiátricas y ayudar a aliviar sus efectos. No es de extrañar que Brigitte Bardot dedicara su vida a protegerlos.

ABRAZO DE OSO

En enero de 2019, Casey Hathaway, un niño de tres años, se alejó del patio de su abuela en Carolina del Norte y se perdió en el bosque. Se llamó a un equipo local de emergencia conformado por helicópteros, drones, unidades K9 y buzos, así como cientos de voluntarios para buscar al niño pequeño, que no llevaba indumentaria adecuada para hacer frente a las durísimas condiciones climáticas con temperaturas bajo cero. Las condiciones eran realmente tan adversas que hubo que cancelar la búsqueda después del anochecer.

Dos días después, los rescatistas lo encontraron enredado en medio de unos arbustos de espinos, helado y empapado, pero sano y salvo. Cuando le preguntaron cómo había logrado sobrevivir, el niño contó que un oso había venido y lo mantenía calentito y a salvo[99]. Carolina del Norte es el hábitat de muchos osos negros. Al principio los adultos no le creyeron, pero el niño se mantuvo siempre fiel a su historia.

EL DELFÍN - EL PROTECTOR OCEÁNICO DEL HOMBRE

Se sabe que los delfines son de los animales más compasivos e inteligentes de todos los mamíferos. Hay numerosos registros de que han ayudado a los humanos a lo largo de la historia. En la Antigua Grecia, muchas monedas muestran imágenes de niños, hombres o dioses a lomos de un delfín. Según la leyenda, el dios del mar Poseidón envió un delfín para salvar a su hijo Taras de un naufragio.

Cuando, durante el verano de 2007, un tiburón blanco de 4,5 metros de largo atacó al surfista Todd Endris frente a la costa de California, los delfines acudieron en su ayuda. El tiburón le dio un mordisco en la espalda y le estaba clavando los dientes en la pierna cuando una manada de delfines apareció de repente. Los delfines atacaron al tiburón, luego formaron un anillo protector alrededor del surfista hasta que el tiburón se fue. Todd pudo entonces subirse a una ola que lo llevó de vuelta a la costa y buscar atención médica de urgencia[100].

> *Una manada de delfines apareció de repente y atacaron al tiburón.*

Otro caso es el del actor estadounidense Dick Van Dyke, al quien unas marsopas rescataron después de quedar a la deriva en Atlántico en su tabla de surf. La revista *Time*[101] informó en aquel momento que el actor se había alejado tanto que ya no podía ver la orilla. Van Dyke había iniciado un débil intento de remar en la dirección en la que él creía haber salido, cuando vio varias aletas que emergían del agua y empezaban a dar vueltas su alrededor. Lo primero que pensó fue que eran tiburones, pero luego comprobó con alivio que estaba equivocado. "Resultaron ser marsopas, y me empujaron hasta la orilla", contó.

En 1996, un turista británico llamado Martin Richardson fue atacado por un tiburón en Egipto mientras nadaba en la costa de Sinaí, en el Golfo de Aqaba. Un grupo de delfines lo rodeó y mantuvo al tiburón a raya golpeando la superficie del agua hasta que Martin logró ponerse a salvo[102].

Un guardavidas británico, Rob Howes, y sus hijas, estaban nadando unos 90 metros mar adentro en Ocean Beach, cerca de Whangarei, en Nueva Zelanda, cuando siete delfines mulares se dirigieron de repente hacia ellos y reunieron a la familia.

Howes trató de alejarse del grupo, pero dos de los delfines más grandes se lo impidieron. Solo entendió lo que estaba sucediendo cuando vio que un gran tiburón blanco de 3 metros se dirigía hacia ellos. Los delfines continuaron con sus maniobras defensivas durante 40 minutos hasta que el grupo logró regresar a nado hasta la costa[103].

Ingrid Visser, del grupo ambiental Orca Research, declaró para el periódico *The Telegraph*[104], en Gran Bretaña, que el comportamiento de los delfines era comprensible, ya que atacan a los tiburones para protegerse a sí mismos y a sus crías. "Es posible que hubieran sentido que los nadadores estaban en peligro y fueron a protegerlos", explicó.

Hay muchos más casos de delfines que rescatan humanos, pero dado que tampoco solemos encontrar tanto delfín en nuestro menú, pasemos a otros mamíferos antes de que este libro se convierta en un tratado sobre delfines.

GORILAS EN LA NIEBLA

En agosto de 1996, una multitud de visitantes del zoológico de Brookfield, en el estado de Illinois, vieron horrorizados cómo un niño de tres años caía en un recinto a más de 5 metros de profundidad para aterrizar cerca de siete gorilas. Los que fueron testigos del incidente se esperaban lo peor. Sin embargo, para su sorpresa, apareció un héroe inesperado. Según *The Chicago Tribune*[105], Binti-Jua, una rara gorila occidental de tierras bajas, desplazó todo su peso hasta el niño y lo protegió de los demás simios. Lo acunó en sus brazos, lo llevó hasta una puerta y lo depositó con cuidado a los pies de los paramédicos que lo estaban esperando.

Y no se trata de un caso aislado. Diez años antes, en el zoológico de Jersey, en el Reino Unido, un niño de cinco años había caído en el recinto de gorilas, y había perdido el conocimiento. Un gran gorila macho llamado Jambo lo estuvo vigilando y no dejaba que los demás se acercaran. Cuando el niño despertó y comenzó a llorar, todos los gorilas retrocedieron y los cuidadores del zoológico (junto con una ambulancia) pudieron rescatarlo sin peligro[106].

CORAZÓN DE LEÓN

En junio de 2005, una niña de 12 años fue secuestrada por cuatro hombres cuando volvía a su casa desde la escuela, en el sudoeste rural de Etiopía. Este tipo de secuestros, todavía habituales en esas zonas rurales, terminan a menudo en matrimonios forzados. Sin embargo, esta vez, terminó de manera diferente. Una semana después del secuestro, la policía local logró localizarla e iniciar una persecución, pero los secuestradores huyeron llevándose con ellos a la niña. Durante la fuga, el grupo se topo con tres leones que espantaron a los hombres. Los leones se quedaron con la niña sin lastimarla hasta que llegó la policía. El sargento Wondmu Wedaj declaró ante la BBC[107] que encontraron a la niña viva, pero en estado de shock y aterrorizada. En el mismo artículo, se citó a un experto etíope en vida silvestre que señalaba que tal vez los leones habían salvado a la niña "porque es posible su llanto fuera parecido al sonido de un cachorro de león". Los cuatro hombres fueron capturados más tarde por la policía e intentaron secuestrar a los oficiales.

SIN RODEOS

Era un hermoso día de verano en Castle Douglas, Inglaterra, a fines de julio de 2014, pero para Fiona Boyd era solo un día más en la granja. Tenía que alejar una vaca y su ternera del corral, ya que había que dejar lugar a otras vacas que estaban a punto de parir.

En general, los granjeros separan a las vacas lecheras de sus terneros cuando todavía son muy jóvenes. Después del nacimiento, van caminando con la madre y el ternero hasta un granero especial, y luego, la madre vuelve a la sala de ordeño sola, sin su recién nacido.

Ese día, Fiona comenzó a caminar detrás del ternero de dos días y cruzaron el campo. "Era una cosita tan pequeña, su lomo apenas me llegaba a las rodillas", escribió en un editorial publicado en el periódico británico *The Guardian*[108]. "Por lo general, a lo que estamos acostumbrados es a que las madres sencillamente sigan a sus terneros tan contentas".

Pero esta vez no fue así. El ternero se empezó a agitar un poco. La mamá estaba molesta y, presa del pánico, se lanzó contra el lado izquierdo de Fiona y la tiró al suelo. La mujer asustada gritó, pero estaba sola en la granja y nadie podía ayudarla. Se sabe que, una vez que alguien está en el suelo, las vacas lecheras se agrupan y atacan en masa, y matan. Fiona lo sabía. Sabía que tenía que volver a levantarse.

Sin embargo, la vaca no se lo permitía. Con su cabeza, volvía a empujar a Fiona una y otra ver hasta tirarla al suelo. "Gritaba e intentaba golpear la cara de la bestia", relató Fiona, "pero ella era demasiado fuerte y no podía apartarla. Estaba a mi lado, y lo único que podía ver era cómo su enorme cuerpo se cernía sobre mí. Instintivamente, sabía que estaba a punto de aplastarme."

Por suerte, la yegua de Fiona, Kerry, estaba cerca y llegó galopando al rescate y atacó a la vaca, mientras Fiona lograba arrastrarse hasta un lugar seguro bajo una cerca eléctrica. No hace falta decir que Kerry era la nueva mejor amiga de Fiona y fue mimada hasta que murió por causas naturales dos años después.

POR UN CAMINITO ESTRECHO...

Las vacas, al igual que los perros, los gatos o incluso los humanos, pueden mostrar personalidades y características de lo más diversas. En general, son animales bastante inteligentes y pueden recordar cosas durante mucho tiempo. Algunos investigadores que han estudiado el comportamiento animal han descubierto que las vacas practican formas complejas de interacción social, establecen lazos de amistad con el tiempo y, a veces, incluso pueden llegar a guardar rencor contra otras vacas que las hayan tratado mal[109].

> *Las vacas pueden mostrar personalidades y características de lo más diversas.*

Estos amables gigantes lloran la muerte, o incluso la mera separación, de aquellos a quienes aman, llegando incluso a derramar lágrimas por su pérdida. El vínculo madre-ternero es especialmente fuerte, y no son pocos los relatos de vacas madre que continúan llamando y buscando angustiadas a sus bebés, incluso cuando ya se han llevado y vendido a sus terneros a granjas o criaderos de ganado.

Janice Wolf es la fundadora del refugio Rocky Ridge, en Arkansas, un santuario que se ocupa de animales con necesidades especiales. Un día, Janice se encontraba en la parte de atrás del refugio cuando un becerro Ankole-Watusi de 11 meses (una raza americana moderna de ganado doméstico) se giró repentinamente bloqueándole el paso. No podía entender por qué, así que lo agarró de los cuernos y trató de apartarlo, pero el becerro sacudió la cabeza y la desequilibró. En ese momento, Janice descubrió una serpiente cabeza de cobre en el suelo exactamente donde habría pisado si el becerro no hubiera intervenido[110].

En Nueva Zelanda, una vaca le salvó la vida a la esposa de un granjero que fue arrastrada por el agua durante una inundación. Kim Riley elogió al animal —conocido solo como número 569—, y lo describió con afecto como "una vieja y fea zorra". Se encontraba estaba guiando una vacada de 350 cabezas de madrugada cuando fueron sorprendidos por las aguas torrenciales. Las vacas que pudieron, llegaron nadando hasta un afloramiento de tierra seca, dejando a Riley a su suerte. Sin embargo, una de ellas se volvió para rescatarla. "Miré hacia atrás y vi que una de las últimas vacas se me venía encima, la número 569", recordaría más tarde. "Puse mi brazo alrededor de su cuello... el calor que emanaba era muy tranquilizador. Me relajé, me entregué, y le dije: 'Llévame a casa'"[111].

CONEJO AL RESCATE

Simon Steggall, un hombre de Warboys, Cambridgeshire, en el Reino Unido, había sido diabético desde niño. Tenía que inyectarse insulina cuatro veces al día. Un día, en 2004, Simon entró en coma frente a la televisión. Su esposa, Victoria, estaba en la habitación contigua y pensó que simplemente se habría quedado dormido. Su mascota Dory, un gran conejo de casi 10 kilos, sintió inmediatamente que algo estaba mal. Cuando Simon entró en coma, Dory saltó sobre su pecho y empezó a golpear su rostro con furia. Su esposa, que era enfermera, notó que pasaba algo y corrió a su lado, intentando sin éxito reanimarlo. Llamó entonces a los paramédicos, quienes lo desplazaron rápidamente al hospital, donde recibió la atención médica que necesitaba para salvar su vida. Los médicos señalaron que si hubiera permanecido en estado de coma durante mucho más tiempo, habría fallecido[112].

MEMORIA DE ELEFANTE

Al igual que nosotros, los elefantes se consuelan mutuamente en momentos de angustia, se lamentan por sus muertos y comparten emociones entre sí. Los elefantes asiáticos muestran preocupación cuando alguno de sus compañeros está estresado y acarician con sus trompas al elefante que lo está pasando mal. Algunos científicos han podido observar elefantes ayudando a otros elefantes heridos, extrayendo dardos tranquilizantes de sus compañeros o rociando polvo sobre las heridas de sus amigos. Mientras realizaba la investigación para este libro, me encontré con un informe de un elefante que luchaba por ayudar a una amiga moribunda, levantándola con sus colmillos y su trompa, mientras barritaba desolado[113].

Los elefantes asiáticos, al igual que los grandes simios y que los perros, saben reconocer cuándo algún compañero de la manada está molesto por algo. Se ha documentado cómo estos animales brindan suaves caricias y emiten sonidos de simpatía. Con frecuencia, los elefantes a los que les toca consolar ponen su trompa en la boca de otro elefante para comunicar vulnerabilidad, tal vez para mostrar al otro elefante que están ahí para ayudar[114].

Los elefantes, como la mayoría de los mamíferos, son animales enormemente altruistas y ayudarán a cualquier otra especie, incluidos los humanos, que se encuentre en peligro. Ocurrió una vez en la India que un elefante estaba ayudando a algunos lugareños a levantar los troncos de una grúa y a colocarlos en unos agujeros previamente excavados. Todo ello siguiendo las instrucciones del mahout o entrenador de elefantes. Sin embargo, al llegar a un determinado agujero, el elefante se negó a bajar el tronco. El *mahout* se acercó a ver qué le pasaba y vio que había un perro durmiendo en el agujero. El elefante no bajó del tronco hasta que el perro se hubo ido[115].

En abril de 2019, un grupo de cazadores furtivos ingresó ilegalmente en el Parque Nacional de Kruger en busca de rinocerontes. La caza furtiva de rinocerontes ha experimentado un recrudecimiento en los últimos años debido a la demanda de cuernos de rinoceronte de los países asiáticos, en particular, de Vietnam. Se usa en la medicina tradicional china, pero cada vez es más común su uso como símbolo de estatus para demostrar éxito y riqueza. Sudáfrica alberga a casi el 80 por ciento de los rinocerontes del mundo y ha sido el país más afectado por la caza furtiva, que se saldó entre 2013 y 2017 con la muerte de más de 1 000 rinocerontes.

Ese día, sin embargo, cuando los cazadores furtivos intentaron perseguir a un rinoceronte, se toparon con un elefante. El elefante atacó al grupo, y tiró a uno de ellos al suelo. Los demás se escaparon dejando atrás a su compañero de fechorías, al cual el elefante pisoteó hasta la muerte. Para rematar la función, otros mamíferos, los leones, se unieron a la fiesta y se comieron al cazador. Los malhechores informaron a la familia del hombre de su pérdida, y fueron después a contárselo a las autoridades, que salieron en busca del hombre. El grupo de búsqueda se esforzó mucho por encontrar el cuerpo, pero lo único que pudieron encontrar fue un pedazo de cráneo humano y un par de pantalones.

NUESTRA FASCINACIÓN POR LOS MAMÍFEROS ANIMADOS

En lógica, la *reductio ad absurdum*, expresión latina que significa reducción al absurdo, también conocida como *argumentum ad absurdum*, es un tipo de argumentación que intenta refutar una afirmación al demostrar que conduce inevitablemente a una conclusión absurda o impracticable, o probarla demostrando que, de no cumplirse, el resultado sería absurdo o imposible.

Si lo piensas bien, el hecho de que podamos amar y cuidar a los mismos animales a los que también esclavizamos, torturamos, matamos y consumimos es la máxima reducción al absurdo. Los mamíferos han sido nuestros mejores amigos desde la infancia; la mayoría de los personajes de dibujos animados que representan animales son de hecho mamíferos, aunque los mamíferos que terminamos comiendo no sean tan famosos. Sin

embargo, durante generaciones y generaciones, han desperta-
do la imaginación de niños y niñas. Entonces, qué nos pasa para
que cuando crecemos nos los comamos.

> *Los dos mamíferos que me vienen inmediatamente a la mente como comida y amigos son Porky y la vaca Clarabella.*

Los dos mamíferos que me vienen inmediatamente a la mente como comida y amigos son Porky y la vaca Clarabella. También está la operística vaca Ermintrudis, y por supuesto Gladys,
la más famosa de los muchos bovinos de Barrio Sésamo. Peppa
Pig es una pequeña cerdita británica con un vestido rojo y un
"oink" muy sonoro. Vive con su hermano pequeño George, con
Mamá Pig y el mal afeitado Papá Pig.

Piglet, o Puerquito, es el mejor amigo de Winnie the Pooh.
Aunque es un "animal muy pequeño" con una actitud bastante
tímida, intenta ser valiente y, en ocasiones, llega incluso a superar sus miedos. Pooh es un osito antropomorfo, de voz suave,
adorable, amable y silencioso que forma parte de un grupo de
mamíferos similares que llenaron la imaginación de Christopher
Robin y ofrecen sabios consejos e ideas muy agudas. También
están Ígor el burro, el amigo más sarcástico y pesimista de Pooh;
Kanga, una hembra kanguro y amorosa madre de Roo; y Conejo
y Tigger, que completan la tripulación junto a otro más que no es
mamífero, el acertadamente llamado Búho.

Puede que solo haya una cosa mejor que un buen cuento:
un buen cuento con mamíferos memorables. Son numerosísimos
los animales literarios inolvidables que nos han marcado para
siempre y que nos han enseñado a ser mejores humanos a través

de sus ejemplos de valentía y lealtad. Si lo piensas bien, muchos de nuestros amigos de la infancia fueron mamíferos, personajes de dibujos animados, mascotas y peluches a los que nos abrazábamos para dormir.

Claro, también está el pez Dory, el búho blanco de Harry Potter, Hedwig, el adorable Rango el camaleón, ¿y cómo olvidarnos de Leonardo, Donatello, Michelangelo y Raphael, las Tortugas Ninja? Y la araña Charlotte, que salva a su amigo mamífero (un cerdo) para que no termine en el plato de nadie haciendo girar mensajes en su telaraña. Uno de los mensajes definitivos es que los mamíferos están mejor como amigos que como cena.

Y mientras Charlotte hace girar su red, Aslan, el gobernante de Narnia, es un majestuoso león que encarna la bondad y la justicia. Simba, en *El rey león*, crece para ocupar el lugar de su padre como Rey de las Tierras del Reino. Rafiki, que significa "amigo" en swahili, es su amigo, otro mamífero que vive en un baobab en las Tierras del Reino y realiza rituales chamánicos para los leones de la Roca del Rey.

Bagheera guía y protege a Mowgli de los demás animales de la jungla, muchos de los cuales, como Shere Khan, son mamíferos, mientras que otros, como Kaa, la enorme pitón que tiene la intención de hipnotizar y capturar a Mowgli, no lo son. Baloo es un oso pardo viejo y dormilón que le enseña a Mowgli la ley de la jungla. El tema siempre es el mismo: mamíferos que ayudan a mamíferos.

Casi todos nuestros personajes favoritos de Madagascar son mamíferos. Alex es un león africano macho y mejor amigo de Marty la cebra, que también son amigos de Gloria la hipopótamo y Melman la jirafa. Tras escapar del zoológico y recorrer las playas de África, Alex está muerto de hambre después de días de no probar bocado. El hambre lleva a Alex a un estado de locura tal que casi mata a Marty sin darse cuenta de que un filete es carne de animal. Los pingüinos le dan sushi a Alex para que sacie su hambre. Mamíferos a los que unas aves dan pescado para comer.

También tenemos a Bugs Bunny, un mamífero cuyos amigos son en su mayoría mamíferos, como Porky, Elmer Gruñón, Silvestre y el Coyote (así como algunos no mamíferos como el Pato Lucas, Piolín y, por supuesto, el odioso Correcaminos).

¡¡ESO ES TO... ESO ES TO... E-EEESTO ES TODO AMIGOS!!

Al final de todos los clásicos de dibujos animados de Looney Tunes (Warner Bros), aparece Porky en la pantalla de cierre exclamando "¡¡Eso es to... eso es to... e-eeesto es todo amigos!!". La voz es la de Mel Blanc, el actor de voz más prolífico de la historia de Hollywood. Blanc creó voces para cerca del 90 por ciento de los personajes de Warner, incluidas estrellas de dibujos animados como Bugs Bunny, el Pato Lucas, Porky , Piolín, el gato Silvestre, Sam Bigotes, el gallo Claudio, Marvin el Marciano, Pepe Le Pew, Speedy Gonzales, Coyote, Correcaminos, el Demonio de Tasmania y muchos otros personajes de los histriónicos dibujos animados de Looney Tunes y Merrie Melodies durante la edad de oro de la animación estadounidense. Blanc puso voz a todos los principales personajes de dibujos animados, a excepción de Elmer Gruñón, cuya voz fue prestada por el popular radiolocutor Arthur Q. Bryan. Con la muerte de Bryan en 1959, el propio Blanc asumió también la voz de Elmer, ya que no encontraron a nadie más con talento suficiente para esta tarea.

Durante gran parte de su vida, Blanc gozó de una salud y fortaleza notables, a pesar de haber comenzado a fumar de adolescente y consumir un paquete de cigarrillos al día. En

1961 sobrevivió a un accidente automovilístico casi fatal que lo dejó en coma durante varias semanas y con muchos huesos rotos. A los 77 años sufrió de enfisema, pero tuvo una extraordinaria recuperación tras dejar de fumar. Finalmente, fue una enfermedad coronaria avanzada la que se llevó su vida a los 81 años.

MOTIVO 5:
ACCIONES COORDINADAS A NIVEL MUNDIAL PARA ABORDAR LOS DESAFÍOS

TODOS LOS PAÍSES DEL MUNDO participan actualmente en una respuesta coordinada a los desafíos ambientales, sociales y económicos que están afectando a nuestro planeta. Todavía está por ver si lo conseguimos o no, pero esto dependerá —y no poco— de ti.

Después de varios años de deliberaciones intergubernamentales y consultas comunitarias entre grupos de la sociedad civil, las Naciones Unidas formularon en 2015 los 17 Objetivos de Desarrollo Sostenible (ODS). Los ODS contienen 169 metas cuantificadas, cuyo progreso se mide a través de 100 indicadores específicos. Todos ellos tienen como fecha límite de cumplimiento el año 2030 y a través de ellos todos los gobiernos se comprometen a impulsar "transformaciones integrales, integradas y universales". Se espera que los países movilicen todos sus esfuerzos para poner fin a todas las formas de pobreza en todo el mundo, que luchen contra las desigualdades y que den respuesta al cambio climático, al tiempo que se aseguran de que "nadie se quede atrás".

Los ODS son en parte una extensión de los ocho Objetivos de Desarrollo del Milenio (ODM). Los exitosos ODM, formulados durante el cambio de milenio con vistas al año 2015, exitosos, no eran tan ambiciosos, pero sí exhaustivos. El primero de los 8 ODM, por ejemplo, era reducir a la mitad la pobreza extrema, meta que se logró antes de lo previsto.

Esta vez, con la adopción de la Agenda 2030 para el Desarrollo Sostenible (también conocida como "Agenda 2030" y en la cual están integrados los ODS), la comunidad internacional se compromete a erradicar por completo el hambre y la pobreza y alcanzar otros objetivos vitales, como lograr que la agricultura sea sostenible, asegurar la salud, el pleno empleo y el trabajo decente, reducir la desigualdad y alcanzar un crecimiento económico más inclusivo para que todos puedan beneficiarse de él.

Si bien gran parte de la responsabilidad recae en los gobiernos, como encargados de la formulación de políticas y el cumplimiento de las normas, no habrá forma de alcanzar los objetivos si tú, consumidor, no tomas mayor conciencia de las consecuencias y repercusiones de sus decisiones, especialmente de tus decisiones dietéticas.

ALIMENTOS Y ODS

Tanto la alimentación como la agricultura ocupan un lugar destacado en los ODS (también conocidos como "objetivos mundiales"), por su interconexión e participación en casi todos los aspectos de la economía, el medio ambiente y la sociedad: el hambre, la malnutrición, la desertificación, el uso sostenible del agua, la pérdida de biodiversidad, así como el consumo excesivo, la obesidad y la salud pública. A nivel personal, observar de manera consciente nuestra forma de comer, nos va a permitir responder de manera responsable a los 17 objetivos y contribuir de forma directa y personal a que este mundo sea un lugar mejor para todos.

Podemos dar grandes pasos para lograr un mundo más saludable, más rico y más feliz simplemente reduciendo o eliminando el consumo de mamíferos.

Como ya hemos visto, lo que elegimos comer, así como los procesos de cultivo y producción de nuestros alimentos, están teniendo un impacto devastador en nuestro planeta y en las personas que viven en él. Podemos dar grandes pasos para lograr un mundo más saludable, más rico y más feliz simplemente reduciendo o eliminando el consumo de mamíferos, en particular de mamíferos producidos en masa a través de procesos industriales insostenibles.

En enero de 2019, la revista médica *The Lancet* publicó un contundente informe del grupo de expertos en nutrición, agricultura y medio ambiente de EAT, una organización sin fines de lucro con sede en Estocolmo que busca mejorar el sistema alimentario mundial. El informe declaraba que "hacer lo correcto con los alimentos será una de las vías más importantes para que los países cumplan con los objetivos de los Objetivos de Desarrollo Sostenible planteados por las Naciones Unidas y con el Acuerdo de París relativo al cambio climático"[117].

El informe de la Comisión EAT-Lancet sobre dietas saludables a partir sistemas alimentarios sostenibles, *Nuestros alimentos en el Antropoceno*, señala que si queremos sobrevivir como especie, todos DEBEMOS optar por comer principalmente verduras, granos, legumbres y semillas. Para aquellos que eligen comer carne de mamífero, el informe indica que lo mejor en estos casos sería limitarse a una única ración por semana.

La recomendación de una "dieta de salud planetaria", como la llaman los autores, es especialmente provocadora para aquellos países en los cuales muchas personas consumen múltiples raciones de carne a diario. Lograr la visión planteada en este informe requerirá una renovación radical de nuestra cultura alimentaria, y de hecho priorizar la sostenibilidad y la supervivencia colectiva por sobre los hábitos y tradiciones más arraigados.

Presentamos a continuación un rápido recorrido por los 17 Objetivos de Desarrollo Sostenible, vistos a través de la lente de lo expuesto en este manifiesto. Para más información sobre estos objetivos mundiales, puedes buscar en Google, hay muchísima información colgada por grupos activos en su consecución. Y si tienes Twitter, sigue el hashtag #ODS.

OBJETIVO 1: FIN DE LA POBREZA

Más de 700 millones de personas, el equivalente al 11 por ciento de la población mundial, viven todavía en condiciones de pobreza extrema y luchan por satisfacer las necesidades más básicas, como salud, educación y acceso al agua y saneamiento. La erradicación de la pobreza en todas sus formas sigue siendo uno de los mayores desafíos a los que se ha enfrentado la humanidad. Si bien el número de personas que viven en situación de pobreza extrema se redujo en más de la mitad entre 1990 y 2015 (de 1 900 a 836 millones, y hasta 815 millones en 2019), son demasiadas las que todavía tienen que luchar por sus necesidades humanas más básicas[118]. Unas políticas gubernamentales adecuadas que promuevan la inversión pública en seguridad alimentaria permitirán y luego reforzarán este objetivo clave, dada la importancia de una mayor seguridad alimentaria y nutricional para reducir la pobreza y, en última instancia, erradicar la pobreza extrema. Por todos estos motivos, está claro que todas aquellas políticas gubernamentales que todavía permitan conversiones calóricas ineficientes, el desperdicio de alimentos y la destrucción de tierras agrícolas, deberían ser eliminadas y reemplazadas por políticas a favor de los pobres cuya aplicación sirva para garantizar que nadie se quede atrás.

---

*La erradicación de la pobreza en todas
sus formas sigue siendo uno de los mayores
desafíos a los que se ha enfrentado
la humanidad.*

OBJETIVO 2: HAMBRE CERO

Hoy en día, 815 millones de personas pasan hambre, y una persona de cada tres está desnutrida, lo que refleja claramente el desequilibrio de nuestro sistema alimentario[119]. El propósito de los ODS es acabar con todas las formas de hambre y malnutrición para el año 2030 asegurando que todas las personas, especialmente los niños, tengan acceso continuo a alimentos suficientes y nutritivos durante todo el año. La Agenda 2030 reconoce que la erradicación del hambre requerirá "prácticas agrícolas sostenibles". Destaca que estos esfuerzos exigirán, a su vez, el apoyo de los pequeños agricultores y permitirán un acceso equitativo a la tierra, la tecnología y los mercados.

Para satisfacer las necesidades futuras en materia de seguridad alimentaria y sostenibilidad del mundo, la producción de alimentos debe crecer de manera sustancial al tiempo que disminuye radicalmente la huella ambiental de la agricultura. Alcanzar el objetivo de acabar con el hambre requerirá un replanteamiento integral del funcionamiento de nuestros sistemas alimentarios. Por ejemplo, se pueden lograr grandes avances deteniendo la expansión agrícola, cerrando las llamadas brechas de rendimiento en tierras de bajo rendimiento, aumentando la eficacia de los cultivos, modificando las dietas y reduciendo los residuos. Todas estas estrategias en conjunto podrían permitir duplicar la producción de alimentos y reducir en gran medida los actuales impactos ambientales de la agricultura.

Sea cual fuere el enfoque que adoptemos, está claro que, para garantizar el futuro de la producción, debemos producir una cantidad suficiente de alimentos saludables y hacerlo de manera sostenible.

Por todos los motivos que se describen en este manifiesto, está claro que promover la producción de carne de mamíferos industrializados no es, bajo ningún punto de vista, una actividad sostenible. Por ello, será importante terminar con los subsidios públicos a este sector. Reforzar el sector agrícola para garantizar la seguridad alimentaria no es en sí una mala idea, pero deberá prestarse atención a que todo apoyo gubernamental (subsidios directos o indirectos, exenciones fiscales, acceso a mercados, etc.) vaya dirigido únicamente a actividades sostenibles. Como ya hemos visto, la cría de vacas, cerdos, ovejas, etc. no es sostenible.

OBJETIVO 3: SALUD Y BIENESTAR

Todos los años mueren en el mundo más de seis millones de niños antes de cumplir los cinco años de edad, y solo la mitad de las mujeres de las regiones en desarrollo tienen acceso a la atención médica que necesitan. Si bien la buena salud como objetivo sostenible está ligada principalmente a la reducción de la mortalidad infantil y la prestación de una atención médica adecuada donde y cuando fuera necesario, también engloba la necesidad de que todas las personas gocen de buena salud hasta la edad adulta. Se reconoce que las enfermedades no transmisibles son en nuestros días la principal causa de muerte prematura en el mundo. La obesidad y la malnutrición son los principales culpables de esta epidemia de mala salud, por lo que pasarse a dietas más sanas, sea cual sea la edad, puede suponer un gran cambio que nos ayude a tener una vida más larga y agradable.

Todos los años mueren en el mundo más de seis millones de niños antes de cumplir los cinco años de edad.

Como se comentó en las páginas anteriores, eliminar o reducir nuestro consumo de carne de res, de cerdo, cordero, ternera y otros mamíferos nos puede permitir gozar de una buena salud y gran bienestar. Y no tiene que ver únicamente con que comer carne de mamíferos no sea demasiado sano, el tema es que la producción industrial está contaminando nuestra agua, nuestro aire y nuestros cuerpos. El primer paso para promover un estilo de vida más saludable es prestar atención a con qué nos alimentamos a nosotros mismos, a nuestras familias y a nuestras comunidades.

OBJETIVO 4: EDUCACIÓN DE CALIDAD

Este cuarto objetivo aspira principalmente a que todos los niños estén matriculados en la escuela y que reciban una educación de calidad. El planeta ya está en camino de lograr este objetivo, puesto que en 2015 la tasa de matriculación total en todo el mundo había alcanzado el 91 por ciento.

Ofrecer una educación de calidad también exige garantizar una nutrición óptima. Una mala nutrición tiene un impacto negativo en el rendimiento y la asistencia escolar, y por ende, en el aprendizaje sea cual sea la edad. Al mismo tiempo, las escuelas constituyen un entorno ideal tanto para la enseñanza como para brindar a los estudiantes oportunidades adicionales para la práctica de comportamientos saludables.

La desnutrición infantil está vinculada a un mal desarrollo intelectual y anomalías de comportamiento[120]. En los hogares pobres, los niños pueden no tener sus necesidades nutricionales cubiertas. Las escuelas son lugares ideales para que todos los niños disfruten al menos de una buena comida al día. El sistema educativo también es el lugar perfecto para generar una mayor conciencia sobre dietas saludables y sostenibles.

Por lo tanto, toda iniciativa para alcanzar el objetivo 4 deberá enseñar nutrición, así como asegurarse que los estudiantes se estén alimentando bien. Como hemos visto, comer bien significa evitar aquellos alimentos que contengan carne de mamíferos. Con el fin de dar un buen ejemplo y de ofrecer la mejor nutrición posible a los estudiantes, muchos gobiernos ofrecen asistencia a las escuelas para asegurarse de que sus estudiantes se estén alimentando bien. El Programa Nacional de Almuerzos Escolares de los Estados Unidos, por ejemplo, es un programa de comidas subvencionado a nivel federal que opera tanto en escuelas públicas como privadas sin fines de lucro y también en instituciones residenciales de cuidado infantil. Su objetivo es garantizar que todos los niños de los Estados Unidos en edad escolar reciban un almuerzo nutritivo todos los días que asistan a la escuela. La gran mayoría de las escuelas, aproximadamente el 95 por ciento, participa en este programa, por lo que ofrece almuerzos a más de 30 millones de niños por jornada escolar.

Ahora bien, aunque en principio es una buena idea, todavía hay un gran margen de mejora. Y es que los estudiantes que se alimentan con el almuerzo del Programa Nacional de Almuerzos Escolares de los Estados Unidos tienen más probabilidades de ser obesos que los estudiantes que traen su almuerzo de casa. A pesar de las advertencias realizadas por muchas de las fuentes que aparecen en este libro, el Programa Nacional de Almuerzos Escolares sigue incluyendo carne de res y de cerdo procesada, y con frecuencia de una calidad tan deficiente que ha sido rechazada por restaurantes de comida rápida como McDonald's y Burger King por no cumplir con sus normas de calidad o seguridad[121].

OBJETIVO 5: IGUALDAD DE GÉNERO

Las mujeres y las niñas representan la mitad de la población mundial y, probablemente, más de la mitad de su potencial. Retener a la mitad de la humanidad nos retiene a todos. Por desgracia, la desigualdad de género persiste en todos los rincones del mundo y estanca el progreso social. Las mujeres y las niñas se ven más afectadas por la pobreza, el hambre y las enfermedades que sus homólogos masculinos. Cuando la comida escasea, son los miembros femeninos de la familia los que, a menudo, reciben las raciones más pequeñas. En términos de trabajo, especialmente de trabajo agrícola, las mujeres (más que los hombres) suelen recibir salarios de hambre o caer en situaciones de servidumbre, una forma moderna de esclavitud.

> *Retener a la mitad de la humanidad*
> *nos retiene a todos.*

La Agenda 2030 reconoce que poner fin a todas las formas de discriminación contra las mujeres y las niñas no es solo un derecho humano básico; es también algo fundamental para acelerar y alcanzar el desarrollo sostenible. Los gobiernos más perspicaces están empezando a darse cuenta de que empoderar a las mujeres y las niñas tiene incluso un significativo efecto multiplicador, ya que acelera el crecimiento económico y el desarrollo de todos. Uno de los factores más importantes en este sentido es asegurar que las mujeres y las niñas puedan tener acceso a una alimentación equilibrada y nutritiva.

En los grandes países en desarrollo, como India, China y en toda América Latina, la producción industrial de carne a gran escala está desplazando a muchos pequeños productores rurales. Se estima que el 80 por ciento del crecimiento del sector ganadero proviene en la actualidad de sistemas de producción industrial, de manera que el ganado compite directamente por las escasas tierras, el agua y otros recursos naturales. Esta situación supone una gran dificultad para los pobres de las zonas rurales; además, en tiempos de vacas flacas, son las mujeres y las niñas las que más sufren. Por lo tanto, cualquier esfuerzo por hacer que nuestros sistemas alimentarios y agrícolas sean más sostenibles, prácticos y lógicos tendrá un efecto positivo directo en la expansión de la igualdad de género. Esto implicará necesariamente una reducción drástica en la cantidad de tierra tomada para la producción industrial de ganado. Si comemos menos hamburguesas y filetes, la demanda de estos productos disminuirá y el acaparamiento de tierras debería detenerse.

OBJETIVO 6: AGUA LIMPIA Y SANEAMIENTO

La escasez de agua afecta a más del 40 por ciento de la población mundial, una cifra alarmante que se prevé que aumente con el incremento de las temperaturas globales derivado del cambio climático. Según el Programa de las Naciones Unidas para el Desarrollo (PNUD), 41 países experimentaron estrés hídrico en 2011. De estos países, 10 se están acercando peligrosamente al agotamiento de sus reservas de agua dulce renovable, dependiendo ahora de fuentes alternativas. Para el año 2050, se proyecta que al menos una de cada cuatro personas se verá afectada por la falta recurrente de agua.

Asegurar el acceso universal a agua potable segura y asequible para todos en 2030 requerirá inversiones importantes en infraestructura adecuada, así como la provisión de más y mejores instalaciones de saneamiento. También será necesario reducir la producción industrial y el consumo de carne de mamífero.

Sabemos que aproximadamente el 70 por ciento del agua dulce se utiliza para la agricultura, y la mayor parte de este porcentaje va destinado a los cultivos que luego servirán para alimentar el ganado. Esta forma de agricultura intensiva contamina los recursos de agua dulce, especialmente a través de la escorrentía de nutrientes. La gestión sostenible del agua que se utiliza en la producción de alimentos puede acelerar el objetivo de garantizar la disponibilidad de agua.

OBJETIVO 7: ENERGÍA ASEQUIBLE Y NO CONTAMINANTE

Hoy en día, una de cada siete personas no tiene electricidad para encender la luz cuando cae la noche. Además, más del 40 por ciento de la población mundial, aproximadamente 3 000 millones de personas, dependen de combustibles contaminantes e insalubres para cocinar. Dado que la energía es uno de los grandes contribuyentes al cambio climático, y representa alrededor del 60 por ciento de las emisiones mundiales de gases de efecto invernadero, toda estrategia para llevar energía a todos debe ser renovable. Una de las soluciones es mejorar la eficiencia energética para evitar el desperdicio de energía. Los estudios muestran que la adopción de unos estándares de energía más eficientes podrían reducir el consumo de electricidad de los edificios y la industria en un 14%[122].

Una de cada siete personas no tiene electricidad para encender la luz cuando cae la noche

La producción de mamíferos como alimento conlleva un uso intensivo de energía. Reducir la cantidad de energía utilizada en los países desarrollados para los sistemas alimentarios supondría un gran paso, así como facilitar el acceso de los productores de los países pobres a una energía limpia y confiable que permita un aumento más sostenible de la producción de alimentos, superando la llamada brecha de rendimiento y garantizando una mayor seguridad alimentaria y una mejor nutrición en general para todas las personas de todo el planeta.

Como se señaló anteriormente, un gran porcentaje de las tierras agrícolas se utiliza para alimentar ganado bovino y porcino. Si se dedicara un mayor porcentaje de esta tierra a alimentar pollos y peces, o mejor aún, a alimentar directamente seres humanos, posiblemente se dedicarían más cultivos a biocombustibles.

Entre los cultivos que se utilizan para producir energía, o cultivos energéticos, figuran el trigo, el maíz, la soja y la caña de azúcar. La combustión de los biocombustibles es más limpia que la de los combustibles fósiles, ya que liberan a la atmósfera menos sustancias contaminantes y gases de efecto invernadero, como el dióxido de carbono. Si bien no son en modo alguno ninguna panacea para la crisis energética, los biocombustibles son al menos sostenibles, asequibles y limpios. Sin embargo, nunca deben producirse al costo de la seguridad alimentaria, y su uso debe calibrarse cuidadosamente para satisfacer las presiones de los precios de la demanda sobre el costo de los cultivos básicos. Mi esperanza es que en algún momento termine desarrollándose (o presentándose) una nueva tecnología que genere energía infinitamente limpia y asequible a partir de recursos renovables. Sin embargo, por el momento, debemos hacer lo mejor que podamos con lo que tenemos... y dar un giro a nuestros sistemas de producción de alimentos eliminando los mamíferos como fuente de alimento permitirá liberar gran cantidad de recursos agrícolas que podrán dedicarse a producir más biocombustibles.

OBJETIVO 8: TRABAJO DECENTE Y CRECIMIENTO ECONÓMICO

Los ODS promueven un crecimiento económico sostenido, mayores niveles de productividad e innovación tecnológica como forma de asegurar que todas las personas, en cualquier lugar, puedan encontrar un buen trabajo, un trabajo que les permita cuidar de sus familias al tiempo que contribuyen al bienestar general de la sociedad. El fomento del espíritu empresarial y la creación de empleo son claves para este objetivo, al igual que unas medidas efectivas para erradicar el trabajo forzoso, la esclavitud y la trata de personas.

En la actualidad, algunos de los trabajos más peligrosos, agotadores e insalubres del mundo se encuentran en los sistemas de producción y distribución de alimentos. Una producción de alimentos más sostenible puede y, de hecho, debe garantizar unas condiciones de trabajo más seguras y mejores medios de vida para todos los productores de alimentos. La Organización de las Naciones Unidas para la Agricultura y la Alimentación estima que más de mil millones de personas trabajan en la agricultura, por lo que un cambio positivo en el sector alimentario representaría una enorme contribución en los esfuerzos por garantizar un trabajo decente para todos.

Por otro lado, el desarrollo de nuevos menús más nutritivos generará muchas oportunidades, tanto en la agricultura a pequeña escala como en la producción y distribución de alternativas más saludables a las actuales. El mundo lleva mucho tiempo esperando la disrrupción de este sector económico.

OBJETIVO 9: INDUSTRIA, INNOVACIÓN E INFRAESTRUCTURA

No contamos actualmente con buenos cálculos sobre el peso de los alimentos, incluidos los procesos de producción, procesamiento, venta minorista y apoyo, en la economía global. No obstante, los datos del Banco Mundial nos muestran que el consumidor promedio gasta el 40 por ciento de sus ingresos en alimentos y bebidas, y que el 30 por ciento de la fuerza laboral está empleada en la agricultura[123]. Sabemos que la comida es un mercado enorme y en crecimiento. Hemos visto el poder que tienen los alimentos para impulsar la innovación, por ejemplo, la revolución de la "carne limpia" que está por llegar para tratar de producir carne por medios artificiales (ver capítulo siguiente). También sabemos que uno de los componentes más importantes de la construcción de un sistema alimentario más sostenible es resolver los desafíos relacionados con la infraestructura. Gran parte del desperdicio de alimentos que se produce cada año podría evitarse si se mejoraran los sistemas de transporte, procesamiento y almacenamiento después de la cosecha.

El Director General de la FAO, José Graziano de Silva, ha llamado a una "transformación rural inclusiva" para aprovechar el enorme potencial no explotado de los sistemas relacionados con los alimentos para fomentar el desarrollo agroindustrial, impulsar la productividad y los ingresos de los pequeños agricultores y crear empleo no agrícola en nuevos segmentos en expansión. Con la rápida urbanización que se está produciendo actualmente en los países en desarrollo, debemos dejar atrás las dietas a base de carne de mamíferos para pasar a alternativas más saludables y sostenibles. Creo que este cambio contribuirá en gran medida a garantizar que se produzca una transformación verdaderamente inclusiva y, lo que es más importante, que dicha transformación se vaya consolidando firmemente con la transición de estos países a niveles más altos de desarrollo.

OBJETIVO 10: REDUCCIÓN DE LAS DESIGUALDADES

La desigualdad de ingresos está en aumento, y es que el 10 por ciento más rico de la población mundial gana hasta el 40 por ciento del ingreso mundial total. El 10 por ciento más pobre gana solo el dos por ciento del ingreso mundial total. La reducción de estas disparidades cada vez más amplias requerirá la adopción de políticas sólidas que empoderen al percentil inferior en ganancia de ingresos y promuevan la inclusión económica de todas las personas, sin importar dónde vivan.

Para reducir las desigualdades entre países y en el seno mismo de las distintas sociedades, aquellos que se encuentran los escalones inferiores requerirán un gran empujón. Los productores de alimentos y la mano de obra del sistema alimentario están sobrerrepresentados en este grupo, de manera que cualquier iniciativa que se emprenda para abordar este problema mejorará las condiciones de las personas y comunidades que con su esfuerzo nos aseguran el alimento, y que son también los que en mayor medida dependen del uso sostenible de los recursos naturales para sus propios medios de vida.

Como ya hemos visto, la conversión calórica de las plantas en carne, especialmente en carne de mamíferos, requiere enormes cantidades de tierra, agua y fertilizantes. No solo eso, sino que el resultado de este proceso contamina las vías fluviales, mata la vida oceánica y deja la tierra improductiva. ¿Y quiénes son los que más sufren? Sí, los más pobres de la sociedad, que son a menudo los que viven río abajo de los ricos. El mundo no puede esperar alcanzar el Objetivo 10 sin un esfuerzo concertado y coordinado que aliente un cambio definitivo en nuestras preferencias dietéticas.

OBJETIVO 11: CIUDADES Y COMUNIDADES SOSTENIBLES

Para bien o para mal, más de la mitad de la población humana actual vive en ciudades. Para el año 2050, el número de habitantes urbanos habrá aumentado a 6 500 millones de personas, es decir, dos tercios de población mundial. También se suele concentrar en estos espacios urbanos la pobreza extrema. Para que las ciudades sean seguras y sostenibles, será necesario garantizar el acceso a viviendas seguras y asequibles, así como mejorar todos los barrios marginales. También habrá que invertir más en transporte público, crear espacios verdes públicos, mejorar la planificación urbana y desviar nuestras dietas de la carne de mamíferos.

Las ciudades deben estar preparadas para apoyar a sus poblaciones jóvenes y en crecimiento y satisfacer sus necesidades, siendo una de ellas el acceso a alimentos saludables. Las ciudades no producen mucha comida y dependen de las zonas rurales para mantener a su población. Así, las administraciones de las ciudades podrían hacer mucho más por gestionar sus sistemas de suministro de alimentos de manera sostenible. De hecho, la Comisión EAT, con sede en Estocolmo, recomendó a las administraciones municipales que consideraran establecer reglamentos de zonificación que promuevan la agricultura urbana y los huertos comunitarios como una forma de producir alimentos a nivel local, así como también trabajar para apoyar la biodiversidad y los servicios ecosistémicos.

Es más, los agricultores y productores locales de espacios urbanos podrían recibir más apoyo mediante incentivos para producir alimentos saludables, así como a través de un mayor acceso al mercado y el acortamiento de las cadenas de suministro. Para la Organización Mundial de la Salud, los espacios verdes como parques y campos deportivos, bosques, praderas naturales, humedales u otros ecosistemas, representan un componente fundamental de cualquier ecosistema urbano. Las áreas urbanas verdes facilitan la actividad física y la relajación, y proporcionan un refugio contra el ruido. Los árboles y las plantas producen oxígeno y ayudan a filtrar la perjudicial contaminación atmosférica, incluidas las partículas en suspensión. Los cuerpos de agua, desde lagos hasta ríos y fuentes, ayudan a moderar las temperaturas.

Sin embargo, lo que todavía no se ha analizado adecuadamente en muchas ciudades sería en qué medida algunos de estos espacios verdes podrían utilizarse para producir los alimentos para las personas de las ciudades. Por supuesto, la agricultura urbana presenta algunos desafíos únicos, como la falta de espacio o la obtención de luz solar suficiente en medio de edificios de gran altura. Sin embargo, con soluciones innovadoras, voluntad política y dedicación de la comunidad, es absolutamente posible cultivar frutas y verduras e incluso criar abejas en zonas urbanas. De hecho, en 2011 se aprobó en San Francisco un reglamento de zonificación de la ciudad para permitir la actividad agrícola en todas las áreas de la ciudad. Este reglamento redefinió los parámetros de la venta de productos, generando un gran impulso para los pequeños productores locales. Muchos restaurantes del área de la bahía de San Francisco venden ahora comidas hechas con alimentos cultivados dentro del perímetro de la ciudad de San Francisco.

OBJETIVO 12: PRODUCCIÓN Y CONSUMO RESPONSABLES

Según los principales demógrafos de las Naciones Unidas, la clase media mundial experimentará durante las próximas dos décadas un crecimiento sin precedente. Y si bien esto es bueno para la prosperidad individual, también generará un aumento en la demanda de unos recursos naturales ya de por sí limitados. Si no pasamos a la acción y transformamos nuestros patrones de consumo y producción, este cambio ocasionará daños irreversibles en nuestro entorno, neutralizando así los avances realizados hasta ahora y devolviendo a millones de personas a la pobreza. Pero tenemos la oportunidad de arreglar las cosas. Nunca hemos estado tan cerca de que todas las personas salgan de la pobreza, pero tampoco hemos estado nunca tan cerca del total colapso ecológico. Nos toca a nosotros elegir qué dirección tomar.

Nunca hemos estado tan cerca de que todas las personas salgan de la pobreza, pero tampoco hemos estado nunca tan cerca del total colapso ecológico.

Lograr un crecimiento económico sostenido y sostenible en línea con los ODS exigirá la reducción urgente de nuestra huella ecológica, lo cual se puede lograr modificando la forma en que producimos y consumimos tanto bienes como recursos. También es necesario prestar atención a la tremenda cantidad de desperdicios que generamos como subproducto del panorama actual de estas actividades. Un tercio de todos los alimentos producidos no llega a ser consumido por nadie, a pesar de que, como se mencionó anteriormente, 815 millones de personas pasan hambre en el mundo, y que una de cada tres personas padece malnutrición. El impacto de tales pérdidas y desperdicios en todo el mundo es tremendo. Estas pérdidas y desperdicios de alimentos son responsables de unas pérdidas económicas que alcanzan los 940 000 millones de dólares y de casi el diez por ciento de las emisiones de gases de efecto invernadero[124].

El objetivo 12 exige que se reduzcan a la mitad las tendencias mundiales de desperdicio de alimentos per cápita a nivel minorista y de consumidores, así como reducir las pérdidas de alimentos en los distintos eslabones de las cadenas de producción y suministro (incluidas las pérdidas posteriores a la cosecha) de aquí a 2030. "Cada país, cada ciudad importante y cada compañía incluida en las cadenas de suministro de alimentos" tienen la responsabilidad de establecer objetivos sobre la reducción de pérdidas y desperdicios de alimentos que aseguren una atención suficiente y un enfoque positivo.

La agricultura es el mayor usuario de agua de todo el mundo, y el riego consume cerca del 70 por ciento del agua dulce dedicada a uso humano, principalmente a la producción de carne de mamífero para consumo humano. Hay muchas vías para transformar las dietas y los procesos de producción de alimentos, se trata de un ámbito en el que es posible formular objetivos claros y alcanzables para unos procesos de consumo y producción más responsables que impulsen la innovación y cambios adecuados a gran escala.

OBJETIVO 13: ACCIÓN POR EL CLIMA

El 97 por ciento de los científicos que estudian el clima concuerdan en que la actividad humana está generando una crisis climática mundial. Es difícil hoy en día encender la televisión, la computadora o el *smartphone* y no escuchar debates y estadísticas sobre el cambio climático. Las emisiones de gases de efecto invernadero siguen aumentando hasta el punto de ser ahora un 50 por ciento más altas que en 1990, momento en que los principales medios de comunicación empezaron a hablar públicamente de la amenaza.

Muchos científicos creen que aún es posible, con voluntad política y diversas medidas tecnológicas, limitar el incremento de la temperatura media global a dos grados centígrados por encima de los niveles preindustriales. Hay cada vez más soluciones asequibles y replicables a diferentes escalas que pueden permitir a los países en desarrollo superar estos problemas y convertirse en economías más limpias y resilientes que las de los países "industrializados". También se está acelerando el ritmo del cambio ya que cada vez son más las personas que están recurriendo a energías renovables y otras medidas para reducir las emisiones y mejorar la adaptación.

Sin embargo, aunque el término "cambio climático" ya ha forma parte de nuestras conversaciones cotidianas, el número de personas conscientes de que sus elecciones dietéticas son parte del problema todavía no es suficiente. Como ya se dijo anteriormente, la producción de un solo kilogramo de carne de res (dos libras) emite 26 kg (57 libras) de dióxido de carbono. La industria agrícola representa aproximadamente el 20 por ciento de los gases de efecto invernadero, los cuales son responsables del cambio climático. Conclusión, pensártelo dos veces antes de comerte esa hamburguesa puede convertirte en un pionero de la resolución del problema y en parte de la solución.

OBJETIVO 14: VIDA SUBMARINA

El sustento de más de 3 000 millones de personas depende de la biodiversidad marina y costera. Según la FAO, el pescado y los productos pesqueros representan el 17 por ciento de todas las proteínas animales consumidas en el mundo, y de esa cantidad, el 26 por ciento se consume en los países más pobres y menos desarrollados. El océano también supone una importante fuente de ingresos para los 60 millones de personas que viven de la pesca y la acuicultura. Sin embargo, casi el 90 por ciento de las poblaciones de peces marinos del mundo se encuentran hoy en día totalmente explotadas, sobreexplotadas y/o agotadas[125]. Un tercio de la cantidad de peces capturados a nivel mundial también se sirve para alimentar al ganado, convirtiéndose así en carne de res, un proceso muy ineficiente en el cual se desperdician importantes cantidades de este precioso recurso. Si no tenemos cuidado, esta sobreexplotación de la vida subacuática podría llevar la capacidad de regeneración de los océanos a un punto de no retorno.

---

*90 por ciento de las poblaciones de peces
marinos del mundo se encuentran hoy
en día totalmente explotadas, sobreexplotadas
y/o agotadas.*

Como ya hemos visto, en los océanos están empezando a proliferar zonas acuáticas y marinas muertas cuyo origen está en el aumento de nutrientes del agua (en particular, nitrógeno y fósforo). Este proceso, conocido como eutrofización, absorbe el oxígeno del agua y acaba con toda la vida. En marzo de 2004, el Programa de las Naciones Unidas para el Medio Ambiente publicó su primer Perspectivas del Medio Ambiente Mundial (GEO 2003). En él se reportaban 146 zonas oceánicas muertas en todo el mundo; en ellas, el agotamiento de oxígeno impide la vida marina. Algunas de estas zonas apenas alcanzaban el kilómetro cuadrado (0,4 mi²), pero la más grande, situada justo frente a la costa de los Estados Unidos, tenía una superficie de 70 000 kilómetros cuadrados (27,000 mi²). Un estudio de 2008 reportó 405 zonas muertas en todo el mundo[126]. En 2017, los científicos registraron la mayor zona muerta frente a la costa de Texas/Louisiana, en el Golfo de México, donde desembocan los ríos que fluyen desde el corazón de Estados Unidos[127]. Remontando río arriba desde estas zonas muertas se encuentran las granjas que alimentan nuestra obsesión por las hamburguesas chatarra.

Reducir o evitar la carne de mamíferos, puede contribuir directamente a restaurar la salud de nuestros océanos al restaurar el equilibrio de la vida subacuática dentro del ecosistema.

OBJETIVO 15: VIDA DE ECOSISTEMAS TERRESTRES

Todos sabemos que nuestras vidas dependen de la salud de la Tierra en términos de sustento y medios de vida. La subsistencia de al menos 1 600 millones de personas depende de los bosques, y el 75 por ciento de los pobres del mundo se ven directamente afectados por la degradación de la tierra. La vida vegetal aporta el 80 por ciento de nuestra dieta humana, y sabemos que la agricultura es un importante recurso económico. Los bosques representan el 30 por ciento de la superficie de la Tierra y albergan hábitats vitales para millones de especies. Los bosques también son fuente importante de aire y agua limpios, y son cruciales para combatir el cambio climático a través de la fotosíntesis, proceso mediante el cual las plantas convierten el CO_2 del aire en biomasa.

Sin embargo, como se destacó anteriormente, estamos siendo testigos hoy de una degradación de la tierra sin precedentes causada por la actividad humana y, en particular, la producción ganadera extensiva. El pastoreo del ganado ocupa el 26 por ciento de la superficie terrestre de la Tierra, y la producción de cultivos alimentarios necesita alrededor de un tercio de todas las tierras cultivables de la Tierra. La expansión de las tierras de pastoreo del ganado también es una de las principales causas de la deforestación, especialmente en América Latina. Solo en la cuenca del Amazonas, aproximadamente el 70 por ciento de lo que eran tierras forestales se utilizan como pastizales, mientras que la superficie restante está cubierta por cultivos de piensos[128].

El objetivo 15 desafía al mundo a proteger, restaurar y utilizar de manera sostenible los ecosistemas terrestres, administrar nuestros bosques y detener y revertir la degradación de la tierra y la pérdida de biodiversidad. El ochenta por ciento de los mamíferos en peligro de extinción se encuentran en este momento amenazados por la pérdida de su hábitat debido a una agricultura en constante expansión para alimentar los pocos mamíferos que comemos. Se trata simplemente de devolver la producción de alimentos a los límites planetarios. Reducir nuestro consumo de carne de mamíferos y consumir una dieta basada en productos locales provenientes de fuentes sostenibles es, en pocas palabras, la mejor medida que podemos adoptar para proteger la vida terrestre. Y recuerda: la vida terrestre nos incluye a nosotros.

OBJETIVO 16: PAZ, JUSTICIA E INSTITUCIONES SÓLIDAS

Para que la humanidad pueda avanzar hacia un lugar que le permita desarrollar todo su potencial, se necesitan sociedades pacíficas, justas e inclusivas. Es bien sabido que la inseguridad alimentaria y la volatilidad de los precios de los alimentos pueden causar y/o exacerbar conflictos, violencia y disturbios civiles. La guerra en Siria fue atribuida, en parte, a la sequía y la angustia rural ocasionada por la disminución del rendimiento de los cultivos y la escasez de alimentos. Los levantamientos de la Primavera Árabe se remontan a los picos de precios de 2011 en los mercados internacionales.

También existe una relación causal directa entre los alimentos por un lado y la paz, la justicia y solidez de las instituciones por el otro. La falta de cualquiera de estos últimos puede dar origen a sistemas alimentarios disfuncionales, hambre y malnutrición. Inversamente, algún problema en los sistemas alimentarios ocasionado por una caída de cultivos o por una sequía, puede tener un efecto debilitante en las instituciones de paz y justicia. Llevar el tema de los alimentos por el buen camino puede depender de este objetivo 16 y de que se fortalezcan las oportunidades para establecer unas condiciones en las que las sociedades puedan prosperar. Reconsiderar ese chuletón puede parecer trivial en este contexto particular, pero créeme, no lo es —por todas las razones ambientales descritas en este manifiesto—.

OBJETIVO 17: ALIANZAS PARA LOGRAR LOS OBJETIVOS

Para lograr estos objetivos y asegurar que la humanidad pueda trazar un futuro sostenible y equitativo, debemos tomar conciencia de que estamos todos en el mismo barco. Las elecciones personales tienen repercusiones que van mucho más allá del ámbito personal, ya sea para dañar o para sanar al mundo en general. Se trata de asociación y comunidad, de cuidarse unos a otros. Las asociaciones que se establezcan para apoyar la realización de estos 17 Objetivos de Desarrollo Sostenible deberán, por supuesto, ocurrir a nivel global de los Estados nacionales, pero también se requieren niveles subnacionales de gobierno como los estados y las provincias, y de ciudades, comunidades, clubes y asociaciones, incluido tú, lector de este manifiesto.

Las elecciones personales tienen repercusiones que van mucho más allá del ámbito personal, ya sea para dañar o para sanar al mundo.

La comida ofrece un excelente escenario para generar conexiones, colaboraciones y asociaciones sólidas, precisamente porque casi todo puede relacionarse con la comida, y casi todos los problemas sociales y planetarios que estos ODS quieren abordar tienen un componente alimentario. La comida es un paraguas increíble bajo el que tanto agricultores, como jóvenes, científicos, empresas, inventores, políticos, pueblos indígenas, trabajadores, creativos y prácticamente todas las personas pueden unirse para compartir soluciones y crear una nueva visión de futuro: un futuro de prosperidad compartida.

MOTIVO 6:
CONCLUSIÓN: REFLEXIONES FINALES Y SUGERENCIAS

COMO YA ADELANTAMOS EN LA INTRODUCCIÓN y aunque es de conocimiento público, los seres humanos somos omnívoros. Como omnívoros, tenemos la capacidad de comer y sobrevivir tanto a base de plantas como de animales. En otras palabras, podemos elegir, elegir matar o no matar. Y si elegimos matar, podemos elegir qué, cuándo y cómo.

Ojalá que este manifiesto sirva para que algunas personas empiecen a tomar decisiones sobre su comida de forma más consciente, a cuestionar esa parte de nuestra cultura de consumo que produce filetes de solomillo envueltos en celofán, completa y conscientemente desconectados del mamífero que fue. Si el veganismo y el vegetarianismo no son lo tuyo, o si aún no estás listo para renunciar a un bistec o una hamburguesa de vez en cuando, puedes de todas formas ser un poco más consciente del origen y del impacto de tus decisiones dietéticas, y cuando caigas en la cuenta de que hay que pasar a la acción, podrás reducir la cantidad de carne de mamífero que consumes hasta que llegue el momento de dejarla por completo.

He podido notar que en los últimos años la gente cada vez se va haciendo más consciente de este tema. También es alentador que los estadounidenses hayan reducido su consumo de carne en un 19 por ciento entre 2005 y 2014. Pero los canadienses nos llevan la delantera en este punto, ya comen un 25 por ciento menos de carne de res y cerdo que en 1999[129].

CONSIDERA REDUCIR LA CANTIDAD DE PRODUCTOS DE ORIGEN MAMÍFERO DE TUS COMIDAS

Si vas a estar con "mono" de vaca, puedes intentar al menos reducir la cantidad de carne que consumes. En su libro de 2009, *Food Rules: An Eater's Manual,* Michael Pollan nos sugiere que intentemos cambiar el tamaño de las raciones que ponemos en nuestro plato. "En lugar de un bistec de 225 gramos y una ración de verduras de 115 gramos, sirva 115 gramos de carne de res [de pastura] y 225 gramos de verduras". En otras palabras, intenta que la carne sea más un complemento o un plato para ocasiones especiales, que la protagonista de todas las comidas.

Si vas a estar con "mono" de vaca, puedes intentar al menos reducir la cantidad de carne que consumes.

El estudio publicado en enero de 2019 por la Comisión EAT-Lancet sobre alimentos, planeta y salud describió la dieta saludable ideal, tanto para la salud del individuo como para el planeta. Los autores del estudio, expertos en salud, nutrición y sostenibilidad de nivel internacional, sugieren que si no logras prescindir por completo de la carne, al menos intenta no comer más de una hamburguesa por semana. Según estos investigadores, una hamburguesa a la semana equivale prácticamente a la cantidad de carne de mamífero que una persona debería comer para mejorar su propia salud y la salud del planeta. Comer carne una sola vez por semana puede ser un desafío para algunos, pero me parece que es un desafío que vale la pena proponerse y superar[130].

Un grupo de investigadores que estudian las enfermedades del corazón señalaron en un artículo publicado en el sitio web de la Escuela de Medicina de Harvard que no es necesario que te hagas vegetariano para cuidar de tu salud, "pero que reducir gradualmente la cantidad de carne que consumes puede suponer una mejora significativa en tu dieta"[131] . En un estudio de la Escuela de Salud Pública de Harvard citado en ese artículo, sustituir la carne roja por fuentes de proteína más saludable reduce el riesgo de muerte prematura. Pasarse a aves de corral, por ejemplo, reduciría el riesgo en un 14 por ciento, comer nueces en un 19 por ciento y el pescado en un 7 por ciento. En otras palabras, reducir o eliminar los mamíferos de tu dieta te puede regalar algunos años de salud. De hecho, nunca es demasiado tarde dar el giro (¡pero date prisa!).

Estoy muy esperanzado porque muchos amigos están empezando a comer menos carne de mamífero, llegando incluso a prescindir de ella casi por completo, excepto en ocasiones especiales. Desde hace unos diez años, un grupo de mis amigos más cercanos se reúnen en Nueva York unas cuatro veces al año para celebrar la "noche de filete". Se trata de una velada de caos carnívoro. El resto del año intentan limitar su consumo de proteína animal a no mamíferos, como pollo, pavo o mariscos.

HAMBURGUESAS VEGETALES, LA NUEVA SENSACIÓN

Tanto en los Estados Unidos como en Canadá, se están haciendo cada vez más populares las hamburguesas vegetarianas y veganas. Restaurantes como McDonald's, Red Robin o The Cheesecake Factory, cuyo fuerte siempre había sido la carne, ofrecen ahora también la posibilidad de disfrutar de sándwiches sin carne. De hecho, en los 12 meses anteriores a agosto de 2018, las ventas mundiales de sustitutos vegetales de la carne se dispararon un 24 por ciento, superando los 670 millones de dólares en ventas solo en los Estados Unidos, según datos de Nielson[132]. En el Reino Unido, se están observando tendencias similares. A los pocos días del lanzamiento del filete vegano de Vivera en mayo de 2018, el gigante minorista del Reino Unido, Tesco, anunció que había vendido casi 40 000 unidades[133].

Quizás el Steak Night Club de New York podría terminar por reunirse en el famoso restaurante de Manhattan llamado Momofuku Nishi, donde el renombrado chef, David Chang, ha incluido un nuevo plato en su menú: la hamburguesa imposible. Se parece a la verdadera: marrón y crujiente por fuera, rosada y jugosa por dentro, chisporrotea en la parrilla y huele a carne. Incluso sangra.

Solo que para hacer esta hamburguesa imposible no se ha matado a ningún animal. Está elaborada íntegramente a partir de productos vegetales, como trigo, coco y papa, además de un ingrediente secreto: el hemo, una molécula que hace que la carne tenga un sabor delicioso y que Impossible Foods, Inc., ha recreado fermentando levadura.

Una hamburguesa vegetariana nos puede saciar y llenar más que las hamburguesas de carne.

El mercado alternativo mundial de carne también está en plena expansión: estudios de mercado recientes predicen que para 2023 este mercado podría alcanzar los 6 300 millones de dólares, partiendo de un mercado actual de 4 630 millones[134]. La compañía Beyond Meat, con sede en Los Ángeles, está aprovechando esta oportunidad para competir con una industria de la carne que mueve 1,4 billones de dólares. En 2018, estaba implantada en más de 35 000 restaurantes, supermercados, universidades, hoteles y estadios. También construyó un laboratorio de investigación y desarrollo de cerca de 2 500 metros cuadrados dedicado a diversificar su cartera de productos alimenticios no cárnicos que parecen y saben a carne.

En marzo de 2019, Beyond Meat anunció el Beyond Beef, un nuevo producto que pretendía saber, oler y parecerse a carne molida, pero con un 25 por ciento menos de grasa saturada que la carne de res. Los biofísicos de la empresa estudiaron la estructura molecular de la carne e identificaron las plantas necesarias para replicar su textura y sabor. El Beyond Beef está elaborado a partir de una mezcla de proteína de guisantes, mungo y arroz para competir con el popular ingrediente que se encuentra en las empanadas o tacos[135]. El sabor es tan cercano al de la carne real que, según el fundador de Beyond Meat, Ethan Brown, el 93 por ciento de los actuales compradores de sus productos en tiendas de comestibles son consumidores de carne.

Sin embargo, Beyond Beef aún no ha podido competir con la industria de la carne de res en lo que respecta al costo. Las Beyond Burger se venden a 5,99 dólares las dos unidades: un 71 por ciento más caras que el mismo peso de carne de vaca. Este problema podría resolverse pronto, ya que la compañía está investigando con diversas proteínas vegetales, como semillas de girasol, mostaza y lupino, para intentar rebajar el precio[136]. Cuando consigan vender sus productos a un precio inferior al de la carne de res, pero con mejor sabor y resultados más saludables, es muy probable que presenciemos un rápido incremento de la participación de Beyond Beef en el mercado de las hamburguesas. Es probable que el dinero inteligente ya esté yendo en esa dirección. Impossible Foods (y su Impossible Burger) recaudaron fácilmente 182 millones de dólares provenientes de inversionistas entre los que figuran Bill Gates y Google Ventures para hacer posible la amplia implantación de su hamburguesa[137].

PERO, ¿ESTOS NUEVOS ALIMENTOS NOS LLENAN?

Muchos de los consumidores de carne se burlarían ante la idea de una hamburguesa vegetariana que satisfaga el hambre de un hombre después de una dura jornada de trabajo. Sin embargo, un reciente estudio doble ciego probaría que están equivocados: una hamburguesa vegetariana nos puede saciar y llenar más que las hamburguesas de carne. Un estudio publicado en la revista Nutrients, en diciembre de 2018, informó que los hombres, cuando desconocían qué tipo de hamburguesa estaban comiendo, reportaron mayoritariamente sentirse más llenos después de comer una hamburguesa vegana. Los científicos estudiaron a 60 hombres: 20 sanos, 20 obesos y 20 con diabetes tipo 2 y registraron las respuestas fisiológicas de todos ellos después de cada comida.

Cuál no sería el desconcierto de los investigadores al descubrir por los resultados que las comidas veganas producen, de hecho, niveles más altos de hormonas gastrointestinales beneficiosas, las cuales influyen en la regulación del metabolismo de la glucosa, la homeostasis energética, la saciedad y el control de peso[138].

NUEVAS HAMBURGUESAS A LA VISTA

A finales de 2018, el bioingeniero italiano, Giuseppe Scionti, de la nueva empresa española, Novameat, dio a conocer el primer bistec sin carne, impreso en 3D, hecho a partir de proteínas vegetales. Este "falso filete" vegano está hecho de arroz, guisantes y algas y aún así proporciona los aminoácidos necesarios para una dieta saludable. Los ingredientes se transforman en una pasta alimenticia que se imprime en 3D para formar una sustancia cruda parecida a un bistec que se puede freír, asar al horno o dorar a la parrilla. El método de Scionti le ha permitido imprimir un trozo de carne de 100 gramos en unos 30 minutos.

Yo personalmente no siento la necesidad de engañar a mis papilas gustativas para que piensen que estoy comiendo cerdo o vaca. Me conformo con un bistec que pueda saber un poco a verduras, o con una hamburguesa de pavo que sepa a pavo. Sin embargo, partiendo de que algunas personas nunca abandonarán su preferencia por el consumo de mamíferos, puede ser que todas estas nuevas investigaciones merezcan la pena.

EXPANDIENDO NUESTROS HORIZONTES

Nuestras actitudes hacia la dieta constituyen una parte fundamental de nuestra "cultura". Estas actitudes han sido procesadas, legitimadas y transmitidas a lo largo de generaciones, dando forma a nuestros hábitos y nuestras identidades. Por otra parte, la investigación científica y la información disponible nos pueden ayudar a ir un poco más allá y cuestionar ciertas suposiciones muy arraigadas acerca de nuestra dieta. Toda transformación puede ser a la vez complicada y compleja, incluso conmovedora.

Algunos cultivos olvidados durante todo el siglo pasado están siendo ahora redescubiertos..

En general, nuestra dieta actual se basa en un abanico de alimentos muy limitado. De las 30 000 especies de plantas disponibles y comestibles que hay en la Tierra, son muy pocas las que realmente consumimos. Sin embargo, estos cultivos despreciados o subutilizados podrían contribuir a aumentar la diversificación de nuestros sistemas de producción de alimentos. Los cultivos nuevos o recuperados podrían sumar frescos e interesantes ingredientes a nuestros menús, mejorando el aporte de nutrientes, aminoácidos esenciales, fibra y nuevas proteínas. Estos nuevos productos podrían tener un impacto más positivo en el medio ambiente, en nuestra salud e incluso en nuestro futuro como especie.

Afortunadamente, algunos cultivos olvidados durante todo el siglo pasado están siendo ahora redescubiertos. Los cultivos tradicionales son con frecuencia muy nutritivos y nos ofrecen una dieta más equilibrada. La quinua, por ejemplo, es el único cereal que contiene todos los aminoácidos que necesitan los humanos. La nuez bambara es otro elemento que nos ofrece una gran fuente de proteínas, y el mijo es rico en calcio y hierro. La búsqueda para encontrar otras fuentes de sustento debe continuar. Cuando se trata de alimentos, no debemos poner límites a nuestras posibilidades: expandir nuestra imaginación podría traernos aún más sorpresas. Basta con diversificar y explorar un poco.

¿HAMBURGUESAS DE INSECTOS?

En abril de 2019, Abdulrahman Hassaballah, un doctorando de la Universidad del Estado de Nueva York en Buffalo, ganó 3 000 dólares en un concurso de sostenibilidad al proponer una transición desde las hamburguesas de carne a las hamburguesas de insectos a nivel planetario. "Cada 100 hamburguesas de carne que comemos producen alrededor de 340 kilogramos de emisiones de gases de efecto invernadero", explicó durante la recepción del premio, "mientras que para 100 hamburguesas de insectos, solo se emiten 4,5 kilogramos de CO_2"[139].

Hassaballah no está lejos de la realidad, solo falta lograr que los consumidores occidentales se acostumbren a algo ya muy incorporado en otras partes del mundo. Alrededor de 2 000 millones de personas comen insectos como parte de su dieta diaria, y hay más de 1 900 especies comestibles. Los insectos que más se comen son los escarabajos, las orugas, las abejas, las avispas y las hormigas, todos ellos habituales en el menú de muchos lugares de Asia, África y América Latina.

En los Estados Unidos, llevamos décadas comiendo insectos sin siquiera saberlo. El *Manual de niveles de defectos*, publicado por la Food and Drug Administration (FDA), institución estadounidense encargada responsable de la administración de medicamentos y alimentos, describe los niveles legales de insectos que pueden contener nuestros alimentos[140]. Tomemos por ejemplo la cerveza: el límite aceptable de infestación de insectos en el lúpulo es de 2 500 pulgones (pequeños insectos que chupan la savia, como la mosca negra) por cada 10 gramos. En los jugos de fruta enlatados se permite hasta un gusano por 250 ml, en el curry en polvo se permiten hasta 100 fragmentos de insectos (cabeza, cuerpo, piernas) por 25 gramos y en los dátiles troceados se permiten hasta 10 insectos muertos completos. Y la lista sigue. Por lo tanto, pasarnos a hamburguesas de bichos no debería, en teoría, suponer un gran cambio puesto que llevamos años comiéndolos.

En 2017, la cadena de supermercados suiza Coop comenzó a vender hamburguesas hechas a base de gusanos de la harina, arroz y verduras, condimentadas con orégano y chile. Essento, una nueva empresa suiza que vio la luz ese mismo año, afirma que el negocio está en auge y que está teniendo dificultades para satisfacer la demanda. Sus tres productos más vendidos son las hamburguesas y las albóndigas de insectos y las brochetas de saltamontes[141]. Los suizos, muy reconocidos por la calidad de su vacuno de pastura y su carne de caza, parecen estar ahora a la vanguardia en Europa en el consumo de insectos como alternativa a la carne.

EN BUSCA DE LA CARNE ARTIFICIAL

En la película animada titulada *Lluvia de albóndigas* en España y *Lluvia de hamburguesas* en Hispanoamérica (2009), Flint Lockwood inventa una máquina que transforma agua en comida. Esta máquina, a la que llama FLDSMDFR, por sus siglas en inglés, utiliza el principio de "mutación hidrogenética" por el cual las moléculas de agua son "bombardeadas con radiación microondas que muta su receta genética en la comida que quieras".

Esto es ciencia ficción, pero la ciencia real no está muy lejos de esto. Hay científicos de todo el mundo trabajando por encontrar una solución sintética a la demanda de carne. La carne producida artificialmente parece carne, huele a carne, y es carne a todos los efectos. Sin embargo, esta carne artificial o "cultivada" se elabora a partir de células madre criadas en cubas gigantes. Todavía falta un largo recorrido tecnológico antes de que la veamos en el menú de Black Angus Steakhouse, pero se está avanzando es esa dirección y ya llegará su momento.

Esta carne, conocida en la industria como "carne limpia", se genera a partir de una pequeña cantidad de tejido muscular del animal que se desea replicar. Los técnicos recolectan células madre de este tejido, las multiplican y les permiten diferenciarse en fibras primitivas que luego formarán tejido muscular. Un portavoz de Mosa Meat, una de las empresas que está actualmente invirtiendo en investigación y desarrollo sobre "carne limpia", explica que una muestra de tejido de vaca puede generar tejido muscular suficiente como para producir 80 000 cuartos de libra. Algún día esta tecnología permitirá llevar carne de res, de cerdo, de pollo y de marisco de laboratorio a tu restaurante familiar, con una producción a demanda.

A principios de 2019, investigadores de la Universidad de Bath en el Reino Unido lograron cultivar células de carne en hojas de hierba. En el proceso se utiliza la hierba como soporte estructural (lo que en la industria se conoce como "andamio") para permitir la proliferación de las células madre que se convertirán en carne comestible. El equipo ha cultivado con éxito células de cerdo utilizando andamios de hierba, lo cual abre las puertas al cultivo de tocino en un entorno de laboratorio, y finalmente en un entorno comercial. Está por ver si esa carne creada de manera artificial va a ser mejor para nuestra salud que la carne real. Pero, al menos, será mejor para el planeta.

Por supuesto, hacen falta muchas más iniciativas de investigación y desarrollo para que la carne limpia cultivada en el laboratorio acabe con la necesidad de criar miles de millones de vacas y cerdos para su sacrificio. No obstante, a juzgar por los movimientos de los mercados de capitales, se avista un horizonte prometedor. Solo en 2017, una de estas compañías, Memphis Meats, recibió recursos por valor de 17 millones de dólares procedentes entre otros de Bill Gates y de la compañía agrícola Cargill[142].

LA VIDA NO TAN SECRETA DE LAS MASCOTAS

Obviamente, no es su culpa, pero nuestras mascotas también son parte del problema y, a la inversa, pueden ser una gran parte de la solución. Lo que les damos de comer está exacerbando una situación ya peligrosa, especialmente con el aumento de mascotas en muchos de los países en desarrollo como China y la India.

En lo que a salud se refiere, no hay razón para que los riesgos asociados al consumo de mamíferos por los humanos no apliquen también a nuestros gatos y perros. Además, con respecto al medio ambiente, y como ya se mencionó, el consumo total de carne por parte de las mascotas domésticas genera 64 millones de toneladas de emisiones de dióxido de carbono al año, con un impacto climático equivalente al de la circulación de 13,6 millones de automóviles[143].

Si resuenas con este manifiesto, no te costará llevar a tus mascotas por el mismo camino de evitar comer a sus compañeros mamíferos, reducir su huella de carbono y proteger el medio ambiente para las futuras generaciones de felinos y caninos. Todo lo que tienes que hacer es leer la etiqueta de la comida de tu mascota antes de comprarla.

El sitio web de la Asociación Estadounidense de Oficiales de Control de Alimentos (AAFCO, por sus siglas en inglés) explica cómo leer los ingredientes en los envases de alimentos para mascotas[144]:

> *"La carne es a pulpa limpia derivada de los mamíferos sacrificados y se limita a la parte del músculo estriado esquelética o la parte que se encuentra en la lengua, en el diafragma, en el corazón o en el esófago; con o sin grasa y partes de la piel que lo acompañan y que lo recubren, tendones, nervios y vasos sanguíneos que normalmente acompañan a la carne. Deberá ser adecuada para la alimentación animal. Si lleva un nombre descriptivo de su tipo, debe corresponder al mismo."*

En otras palabras, "carne" es principalmente el tejido muscular del animal, pero también puede incluir grasa, cartílago y otros tejidos que normalmente acompañan al músculo, como lo que se ve en una ración de carne cruda a la venta para consumo humano. Además de usar el término "carne", el fabricante de alimentos para mascotas también puede identificar las especies de las que se sacó la carne, como "carne de res" o "cerdo". Sin embargo, usar el término genérico "carne" en la etiqueta significa que el alimento solo puede provenir de vacas, cerdos, ovejas o cabras. Si proviene de cualquier otro mamífero, será necesario especificar la especie (por ejemplo, "búfalo" o "venado").

Si el músculo es de una especie no mamífera, como aves de corral o pescado, no se puede denominar "carne", y se deberá recurrir a los términos de identificación apropiados. Si estás de acuerdo con los principios planteados en este manifiesto y deseas incluir a tus mascotas en tus esfuerzos por ser parte de la solución, te recomendaría que prestes atención a esta descripción.

APOYO A POLÍTICAS GUBERNAMENTALES SENSATAS

Es posible que nuestras elecciones personales como consumidores no basten para evitar lo que el informe de *The Lancet* de enero de 2019 denomina "daño catastrófico para el planeta". Los gobiernos también tienen que fomentar la elección de alimentos saludables y garantizar el acceso a alimentos nutritivos. Será esencial que las políticas y los subsidios gubernamentales sean redirigidos de las prácticas agrícolas dañinas hacia aquellas que sean más saludables para nuestros cuerpos y nuestro medio ambiente y, en última instancia, para nuestro planeta.

Está claro que los costos sociales del consumo de carne de mamíferos superan con creces el precio pagado por el consumidor. Cada vez se debate en muchos más lugares sobre la necesidad de formular una respuesta de política gubernamental que regule el consumo de carne roja y procesada similar a los reglamentos existentes para otros carcinógenos y alimentos que generan problemas de salud pública. Una posibilidad es regular la industria o prohibir ciertos alimentos, como lo ha hecho la ciudad de Nueva York al prohibir las latas de bebidas azucaradas de más de 16 onzas (0,5 litros). Un enfoque más de mercado consistiría en gravar la carne roja y procesada según su impacto en la salud. Con este último planteamiento se analiza el costo de comer carne en la economía global y la cantidad de impuestos que deben pagar las personas para compensar las consecuencias de sus dietas en la salud y el medio ambiente.

Analizando los niveles de impuestos óptimos para las carnes rojas y procesadas en casi 150 países y regiones, los expertos en salud de la Universidad de Oxford concluyeron en su estudio de 2018 que la introducción de un impuesto a la carne produciría beneficios generales para la salud y el medio ambiente. En los países de altos ingresos, el precio de la carne de res, de cordero y de cerdo debería incrementarse en más del 20 por ciento, mientras que las carnes procesadas, como las salchichas y los perritos calientes, tendrían que doblar su precio para cubrir su verdadero costo para la sociedad. Estos investigadores concluyeron que la introducción de dicho impuesto a la salud en estos productos compensaría los costos de salud y probablemente evitaría más de 220 000 muertes al año en todo el mundo[145].

Algunos sostienen que si el verdadero costo de la producción de carne se reflejara en el precio de la carne en sí, entonces solo las élites podrían comer carne. Y si es así, que así sea. Hay muchas cosas que son tan caras que solo los ricos pueden pagarlas. El hecho de que los súper ricos puedan permitirse volar en jets privados no significa que debamos salir a argumentar que debería haber subsidios para que todo el mundo pudiera tener su jet privado. Deja que los ricos coman su carísima carne de res al verdadero costo del producto, mientras que el resto de nosotros comemos alternativas más saludables.

SE NECESITA UN CAMBIO TRANSFORMADOR EN LA SOCIEDAD Y EN NUESTRAS ECONOMÍAS

Para llegar a la visión descrita en este libro, se requerirá obviamente un cambio radical y transformador tanto en nuestra sociedad como en la economía en general. En los Estados Unidos, la industria de la carne de mamíferos emplea a 5,4 millones de personas y reparte unos 257 000 millones de dólares en salarios. Se estima que 527 019 personas tienen empleos relacionados con la producción y envasado, importación, ventas, empaque y distribución directa de productos de carne de mamíferos. En un informe se afirma que, solo en los Estados Unidos, la industria de la carne representa 1,02 billones de dólares la producción económica total o, en otras palabras, el 5,6 por ciento del producto interior bruto (PIB)[146].

El ganado también desempeña un papel económico crucial para aproximadamente el 60 por ciento de los hogares rurales de los países en desarrollo, que incluyen pequeños agricultores, agropastores y pastores. Contribuye a los medios de vida de alrededor de 1 700 millones de personas pobres. Según la FAO, al menos el 70 por ciento de los empleados del sector son mujeres[147]. El ganado, incluidos los productos lácteos y otros productos animales, genera ingresos en efectivo y en especie y permite el ahorro para futuras necesidades. Por ello, debe reconocerse claramente que este sector, al mismo tiempo que causa daños a nuestra salud, a la sociedad y al medio ambiente, también desempeña un papel importante en la reducción de la pobreza.

> *Para llegar a la visión descrita en este libro,*
> *se requerirá obviamente un cambio radical y*
> *transformador tanto en nuestra sociedad como*
> *en la economía en general.*

Si todo el mundo dejara de comer carne de mamífero de repente tras leer este libro, mucha gente caería en la pobreza. Como ocurre con todas las tecnologías disruptivas, los cambios de mercado requieren una adaptación económica. Los proveedores y la infraestructura de gestión de la cadena de suministro se resistirán, como siempre lo hacen, pero con el tiempo tendrán que adaptarse, la gente tendrá que volver a capacitarse y se crearán nuevos puestos de trabajo. Lo que hace falta es una alternativa más sostenible que pueda traernos nuevas tecnologías y, por lo tanto, nuevos puestos de trabajo, y un cambio acorde para dejar de depender de la explotación de nuestros compañeros mamíferos para alimentar la economía.

De cara al futuro, creo que el camino hacia la prosperidad inclusiva incluirá una reducción drástica en la producción y el consumo de nuestros compañeros mamíferos. Superar los complejos desafíos a los que el mundo de hoy se enfrenta requerirá de voluntad política para asumir los principios de sostenibilidad y acción transformadora que permitan abordar con éxito las causas fundamentales de la pobreza y el hambre. Lo que elijamos criar, matar y comer será de gran influencia en esta iniciativa.

SIN QUESO, POR FAVOR — SI TIENE CUAJO

Una de las partes que más difíciles me resultaron en proceso de dejar la carne de mamíferos fue descubrir, gracias a un compañero de habitación vegetariano, que la mayoría de los quesos contienen cuajo animal, un ingrediente tradicional que se usa en la elaboración del queso que se extrae del revestimiento del estómago de vacas, cabras, ovejas y otros animales sacrificados, incluso de los cerdos. El cuajo es lo que les permite a las crías de estos animales digerir la leche materna. Esta enzima cuaja la leche, separando la cuajada del suero, completando así el primer paso en el proceso de elaboración del queso.

Me enteré de esto cuando vivía en Suiza, y Europa es famosa por sus deliciosas variedades de queso. Me sorprendió saber que la mayoría de los quesos europeos se elaboran con cuajo de animales porque sus antiguas recetas siempre lo han utilizado y, de hecho, están obligados por ley. Por ejemplo, de acuerdo con la legislación de la Unión Europea, el parmesano debe contener cuajo de animales para que pueda llamarse Parmigiano-Reggiano[148].

> *El camino hacia la prosperidad inclusiva*
> *incluirá una reducción drástica en la*
> *producción y el consumo de nuestros*
> *compañeros mamíferos.*

Para cumplir con los propósitos y principios descritos en este libro, o simplemente porque no te gusta la idea comer estómagos de animales bebés en tu queso, tenemos que encontrar alternativas al cuajo. Los fabricantes de quesos comerciales no están obligados que revelar si la fuente de su enzima de cuajo se sintetiza artificialmente, si el cuajo se obtiene de un estómago o si es un sucedáneo. En caso de duda, busca quesos etiquetados como "vegetarianos" o "kosher". También le puedes preguntar a algún experto en venta de quesos los nombres de los quesos hechos con sucedáneos aptos para vegetarianos, como el cuajo de verduras, que suele provenir del cardo, mientras que el cuajo microbiano se deriva de hongos, levaduras o mohos. Si vives en Estados Unidos, Trader Joe's y Whole Foods etiquetan las fuentes del cuajo utilizado en sus quesos de marca genérica, muchos de los cuales son, de hecho, vegetarianos.

ALGUNAS CONSIDERACIONES CAUSALES

Mientras me preparaba para un retiro de meditación Vipassana de diez días en Wat Suan Mokkh en Chaiya, en el sur de Tailandia, asistí a una conferencia de un monje de habla inglesa sobre las leyes de la causalidad. El monje explicó que la causalidad (o causa y efecto) es, en última instancia, la esencia del karma. Es lo que conecta un proceso (la causa) con otro proceso o estado (el efecto), en donde el primero es en parte responsable del segundo, y el segundo es en parte dependiente del primero. "Lo que hay que recordar", dijo, "es que las buenas acciones traen buenos resultados; las malas acciones traen malos resultados; tus propios hechos traen tus propios resultados".

Más tarde, ese mismo día, el monje explicó las enseñanzas del Buda sobre el karma de matar. "Si matas a un ser sensible", explicó, "entonces, durante 500 vidas, serás asesinado por otros. Este es el resultado del karma negativo de matar ".

Levanté la mano para hacer una pregunta, sabiendo que al día siguiente cuando comenzara el retiro, tendríamos prohibido cruzar palabra con nadie durante diez días. Entonces pregunté:

> *"Si el asesinato de cualquier ser sensible trae consecuencias incómodas para el asesino durante 500 vidas, entonces las leyes de causalidad deberían mirar también la cadena de eventos que condujeron a ese asesinato para comprender la responsabilidad kármica última. Si el asesinato es el resultado final de una línea de acciones causales vinculadas que se pueden determinar, y si la acción vinculada primaria no se lleva a cabo, entonces se habría evitado el asesinato. Por lo tanto, tiene sentido para mí que la primera acción sea la que tenga la mayor cantidad de deuda kármica, y que el individuo que mató sea el asesinado por otros 500 veces".*

> *"En otras palabras", continué, "cuando compro un bistec en el mercado, ¿soy en última instancia responsable de su muerte, incluso si no soy consciente de la vaca?"*

"Sí", respondió el monje. "Eres incluso más culpable que el verdugo del matadero. Porque si no hubiera demanda en el mercado de carne de res, no habría necesidad de matar a la vaca".

Muchas veces he observado que la comida que los 300,000 monjes de Tailandia reciben cada día en sus tazones de mendicidad consiste en arroz, verduras y carne. Dado que los habitantes de Tailandia veneran y respetan a sus monjes, es lógico que traten de modelar sus propias vidas en consecuencia. Cuando ven que los santos monjes reciben y comen carne, entonces, desde su punto de vista, se debe permitir, e incluso alentar, comer carne.

Al comenzar mis diez días de introspección y contemplación conscientes, reflexioné sobre la posibilidad de que si los monjes decidían no aceptar la carne y pidieran que les dieran verduras, la cantidad de animales que se matarían en ese país se reduciría drásticamente. Por lo tanto, con respecto a la matanza de esos seres sensibles que terminan en sus tazones de mendicidad matutinos, la deuda kármica pertenece a los monjes, quienes tendrán que sufrir el hecho de ser asesinados 500 veces por otros. Tal vez, pensé, esos monjes regresarán 500 veces como vacas y cerdos, solo para terminar en los tazones de mendigo y comidos por otros monjes en un ciclo sin fin que solo podría terminar cuando los monjes se vuelvan vegetarianos. Se puede pensar en ello.

UN EPÍLOGO A CONSIDERAR

Si eres un carnívoro comprometido y has llegado hasta el final de este libro, quisiera agradecerte en primer lugar por tener una mente abierta. Si consideras que los argumentos de este libro tienen sentido, transmítelos y define tu postura como persona que no come mamíferos. Cuando dices que no comes carne roja, es posible que muchas personas simplemente se encojan de hombros y digan "bien". Pero decir que "no comes mamíferos" define una postura que, por lo general, incita a la indagación. Cuando te pregunten, puedes hablar de las ideas que compartí contigo en este libro, así como de tus propias ideas sobre estos temas. Mejor aún, envíales una copia de este manifiesto para que puedan leerlo por sí mismos.

Si este libro te resuena, o también si no lo hace, me encantaría que me enviaras tus sugerencias para la próxima edición. Puedes seguirme en www.adamrogers.online, en LinkedIn o en Twitter en @adamrogers2030.

SOBRE EL AUTOR

ADAM ROGERS HA ESTADO EXPLORANDO el mundo y escribiendo sobre la vida durante gran parte de los últimos cuatro decenios. Sus exploraciones lo han llevado a más de 130 países. Empezó a cuestionarse los vínculos entre la dieta, el bienestar y el medio ambiente a la edad de 15 años, después de leer r de 1971, escrito por Frances Moore Lappé. Dio sus primeros pasos en el mundo laboral como pinche de cocina y luego como sous chef en Charlies, el único restaurante francés de Whitehorse (Yukón, Canadá), su tierra natal. A pesar de preparar el mejor Chateaubriand de la ciudad, Adam se hizo vegetariano, aunque luego matizó el concepto para convertirse en "no-mamiferiano", tal como describe en el presente libro.

Adam comenzó a viajar en su adolescencia tardía, prestando especial atención a lo que comía la gente en diferentes partes del mundo. Con 18 años, se colgó la mochila al hombro y salió con la intención de viajar hacia el Este hasta volver por el Oeste. Esta exploración peripatética del planeta lo llevó a más de 50 países con un presupuesto de menos de 100 dólares por mes. Esa experiencia sentó las bases de su primer libro, *The Intrepid Traveler: The ultimate guide to responsible, ecological, and personal-growth travel and tourism*. Más adelante pudo explorar otros 80 países en diferentes facetas, como escritor, fotógrafo y profesional del desarrollo.

Como jefe de redacción de Earth News, con sede en Los Ángeles, Adam cubrió la histórica Cumbre de la Tierra de 1992 en Río de Janeiro y la mayoría de las cumbres posteriores celebradas durante la década de 1990 en Barbados (pequeños Estados insulares en desarrollo), El Cairo (población), Estambul (ciudades),

Copenhague (desarrollo social) y Pekín (empoderamiento de las mujeres). Su libro, *The Earth Summit, a Planetary Reckoning*, documentó la conferencia de 1992 desde la perspectiva de los jóvenes, de las empresas, de los gobiernos y de la sociedad civil. A partir de esa experiencia, Adam escribió un libro para el Programa de las Naciones Unidas para el Medio Ambiente, el cual ayuda a aplicar a nivel local el marco de la Agenda 21 (Taking Action: An Environmental Guide for You and Your Community). Poco después, Adam comenzó a trabajar para las Naciones Unidas recorriendo diferentes cargos a lo largo de 22 años. Durante este viaje vital de descubrimiento, no ha cejado en su empeño de sacar a la luz la relación entre nuestra dieta y el estado del medio ambiente, así como con la prevalencia de la pobreza en muchos lugares del mundo.

Adam se licenció en Relaciones Internacionales en la Northern Arizona University, obtuvo una maestría en Comunicación y Tecnología en la University of Alberta en Canadá, y un MBA a través del programa TRIUM de la New York University, el London School of Economics y la Escuela de Estudios Superiores de Comercio de Paris (HEC). Es muy activo en las redes sociales y está presente en Twitter, LinkedIn, Instagram y Facebook.

REFERENCIAS CITADAS

1. Fishbase, ver https://www.fishbase.de/

2. Barrowclough GF, Cracraft J, Klicka J, Zink RM (23 de noviembre de 2016) How Many Kinds of Birds Are There and Why Does It Matter? PLoS ONE 11(11): e0166307. Obtenido de https://doi.org/10.1371/journal.pone.0166307.

3. Milman, O. (21 de diciembre de 2018) Why eating less meat is the best thing you can do for the planet in 2019. The Guardian. Obtenido de https://www.theguardian.com/environment/2018/dec/21/lifestyle-change-eat-less-meat-climate-change?CMP=fb_gu.

4. Barton, RA; Harvey, PH (29 de junio de 2000). "Mosaic evolution of brain structure in mammals". Nature. Obtenido de https://www.nature.com/articles/35016580.

5. Aboitiz, F; Morales, D; Montiel, J (26 de octubre de 2003). "The evolutionary origin of the mammalian isocortex: Towards an integrated developmental and functional approach". Behavioral and Brain Sciences. Obtenido de https://www.ncbi.nlm.nih.gov/pubmed/15179935.

6. Barton, RA; Harvey, PH (29 de junio de 2000). "Mosaic evolution of brain structure in mammals". Nature. Obtenido de https://www.nature.com/articles/35016580.

7. Freund, D. (25 de agosto de 2011). How animal welfare leads to better meat: A lesson from Spain. The Atlantic. Obtenido de https://www.theatlantic.com/health/archive/2011/08/how-animal-welfare-leads-to-better-meat-a-lesson-from-spain/244127/.

8. Johnson, T. (5 de agosto de 2015). We used to count Black Americans as 3/5 of a person. For reparations, give them 5/3 of a vote. The Washington Post. Obtenido de https://www.washingtonpost.com/posteverything/wp/2015/08/21/we-used-to-count-black-americans-as-35-of-a-person-instead-of-reparations-give-them-53-of-a-vote/?utm_term=.2ea4f793c1e6.

9. Zolfagharifard, E. (12 de junio de 2015). Move over Lassie: IQ tests reveal pigs can outsmart dogs and chimpanzees. The Daily Mail. Obtenido de http://www.dailymail.co.uk/sciencetech/article-3122303/Move-Lassie-IQ-tests-reveal-pigs-outsmart-dogs-chimpanzees.html.

10. McElroy, D. (6 de enero de 2002) Korean outrage as West tries to use World Cup to ban dog eating. The Telegraph. Obtenido de https://www.telegraph.co.uk/news/worldnews/europe/france/1380569/Korean-outrage-as-West-tries-to-use-World-Cup-to-ban-dog-eating.html.

11.	Bonhommeau, S. Dubroca, L. Le Pape, O. Barde, J. Kaplan, DM. Chassot, E. y Nieblas, AE. (17 de diciembre de 2013) Eating up the world's food web and the human trophic level. Proceedings of the Natural Academy of Sciences. Obtenido de http://www.pnas.org/content/110/51/20617.

12.	Allen, N. (19 de octubre de 2009). McFarthest point in the US from a McDonald's. The Telegraph. Obtenido de https://www.telegraph.co.uk/news/newstopics/howabout-that/6380193/McFarthest-point-in-the-US-from-a-McDonalds.html.

13.	Duprey, R. (11 de octubre de 2016). 15 Fascinating Things You Probably Didn't Know About McDonald's Corp. The Motley Fool. Obtenido de https://www.fool.com/investing/2016/10/11/15-fascinating-things-you-probably-didnt-know-abou.aspx.

14.	USDA (enero de 2018) Obtenido de http://usda.mannlib.cornell.edu/usda/current/LiveSlauSu/LiveSlauSu-04-18-2018.pdf.

15.	Food Outlook: Biannual Report on Global Food Markets, p. 7. FAO, octubre de 2015. Obtenido de http://www.globalagriculture.org/fileadmin/files/weltagrarbericht/GlobalAgriculture/02Hunger/Oktober2015.pdf.

16.	Okin GS (2017) Environmental impacts of food consumption by dogs and cats. PLoS ONE 12(8): e0181301. Obtenido el 13 de enero de 2019 de https://doi.org/10.1371/journal.pone.0181301.

17.	Willett, W., et al. (16 de enero de 2019). Alimentos en el antropoceno: Comisión EAT-Lancet sobre dietas saludables a partir de sistemas alimentarios sostenibles. The Lancet. Obtenido de https://eatforum.org/content/uploads/2019/01/Report_Summary_Spanish-1.pdf.

18.	Bird, J.K., Murphy R.A., Ciappio E.D., McBurney M.I. (24 de junio de 2017) Risk of deficiency in multiple concurrent micronutrients in children and adults in the United States. Nutrients. Obtenido de https://www.ncbi.nlm.nih.gov/pubmed/28672791.

19.	Center for Disease Control and Prevention. (2016). Obesity and Overweight. Obtenido de https://www.cdc.gov/nchs/fastats/obesity-overweight.htm.

20.	Malamut, M. (2013, December 19). Eating Burgers From Restaurants Increases Obesity Risk, Shocking Study Says. Boston Magazine. Obtenido de https://www.bostonmagazine.com/health/2013/12/19/eating-burgers-restaurants-associated-higher-obesity-risk/.

21.	Swan SH., Liu F., Overstreet JW., Brazil C., Skakkebaek NE. (22 de junio de 2007). Semen quality of fertile US males in relation to their mothers' beef consumption during pregnancy. Department of Obstetrics and Gynecology, School of Medicine and Dentistry, University of Rochester. Obtenido de https://www.ncbi.nlm.nih.gov/pubmed/17392290.

22.	Lee, E. (29 de agosto de 2011). The Truth About Red Meat. WebMD. Obtenido de https://www.webmd.com/food-recipes/features/the-truth-about-red-meat#1.

23.	Harvard Medical School. (enero de 2012). What's the beef with meat? Harvard Health Publishing. Obtenido de https://www.health.harvard.edu/healthy-eating/whats-the-beef-with-meat.

24.	Skerrett, P. J. (13 de marzo de 2012). Study urges moderation in red meat intake. Harvard Health Publishing. Obtenido de https://www.health.harvard.edu/blog/study-urges-moderation-in-red-meat-intake-201203134490.

25. Kolata, G. (7 de abril de 2013). Culprit in Heart Disease Goes Beyond Meat's Fat. The New York Times. Obtenido de https://www.nytimes.com/2013/04/08/health/study-points-to-new-culprit-in-heart-disease.html?pagewanted=all.

26. National Institutes of Health. (18 de enero de 2019). Eating red meat daily triples heart disease-related chemical. Obtenido de https://www.nih.gov/news-events/nih-research-matters/eating-red-meat-daily-triples-heart-disease-related-chemical.

27. Newman, T. (15 de junio de 2018). Red meat allergy may increase heart disease risk. Medical News Today. Obtenido de https://www.medicalnewstoday.com/articles/322147.php.

28. Bernstein, A., Pan, A, Rexrode, K.M., Stampfer, M., Hu, F.B., Mozaffarian, D. & Willett, W.C. (29 de diciembre de 2011). Dietary Protein Sources and the Risk of Stroke in Men and Women. Stroke. Obtenido de https://www.ncbi.nlm.nih.gov/pmc/articles/PMC3288224/.

29. Kimmell, J. (2 de agosto de 2018). The 5 behaviors that explain your risk of cancer. Advisory Board. Obtenido de https://www.advisory.com/daily-briefing/2018/08/02/cancer-5.

30. Simon, S. (26 de octubre de 2015). World Health Organization Says Processed Meat Causes Cancer. Cancer.org / American Cancer Society. Obtenido de https://www.cancer.org/latest-news/world-health-organization-says-processed-meat-causes-cancer.html.

31. American Institute for Cancer Research. (2009, July 22). AICR Statement: Hot Dogs and Cancer Risk. Obtenido de http://www.aicr.org/press/press-releases/aicr-statement-hot-dogs-and-cancer-risk.html.

32. Micha, R., Peñalvo, J. Cudhea, F. (7 de marzo de 2017). Association Between Dietary Factors and Mortality From Heart Disease, Stroke, and Type 2 Diabetes in the United States. JAMA. Obtenido de https://jamanetwork.com/journals/jama/article-abstract/2608221.

33. Virtanen, H., Koskinen, T., Voutilainen, S., Mursu, J., Tuomainen, T., Kokko, P., & Virtanen, J. (2017). Intake of different dietary proteins and risk of type 2 diabetes in men: The Kuopio Ischaemic Heart Disease Risk Factor Study. British Journal of Nutrition. Obtenido de https://www.cambridge.org/core/journals/british-journal-of-nutrition/article/intake-of-different-dietary-proteins-and-risk-of-type-2-diabetes-in-men-the-kuopio-ischaemic-heart-disease-risk-factor-study/1929E2CC34B0A504B3A045FAA0569CA3.

34. Shaw, J. (2012, January). A Diabetes Link to Meat. Harvard Magazine. Obtenido de https://www.harvardmagazine.com/2012/01/a-diabetes-link-to-meat.

35. TriStar Medical Group, Total Women's Care. Vitamin B12. Obtenido de https://totalwomenscaretn.com/hl/?/22440/Vitamin-B12.

36. Consumer Reports. (9 de noviembre de 2012). Press Release: The Overuse of Antibiotics in Food Animals Threatens Public Health. Obtenido de https://advocacy.consumerreports.org/press_release/the-overuse-of-antibiotics-in-food-animals-threatens-public-health-2/.

37. American Farm Bureau Federation. (12 de junio de 2012) Letter to Congressperson Louise Slaughter. Obtenido de https://www.ahi.org/wp-content/uploads/2012/06/Congresswoman-Slaughter-science-June-12-final.pdf.

38. Hoelzer, K. (2017, November 10). Answers to Common Questions About the Use of
     Antibiotics in Animal Agriculture. Pew Trusts. Obtenido de https://www.pewtrusts.org/
     en/research-and-analysis/articles/2017/11/answers-to-common-questions-about-the-
     use-of-antibiotics-in-animal-agriculture.

39. United States Government, House of Representatives, Committee on Energy and Com-
     merce. (14 de julio de 2010). Hearing: Antiobiotic Resistance and the Use of Antibiotics
     in Animal Agriculture, Subcommittee on Health, Energy and Commerce Committee,
     U.S. House of Representatives. Obtenido de https://www.govinfo.gov/content/pkg/
     CHRG-111hhrg77921/pdf/CHRG-111hhrg77921.pdf.

40. [[[[[Organización Mundial de la Salud]]]] (noviembre de 2017). Antimicrobial resis-
     tance in the food chain. Obtenido de https://www.who.int/foodsafety/areas_work/anti-
     microbial-resistance/amrfoodchain/en/.

41. Meat and greens: How bad for the planet is eating meat? (31 de diciembre de 2013).
     The Economist. Obtenido de https://www.economist.com/feast-and-famine/2013/12/31/
     meat-and-greens.

42. Casalone, C; Hope, J (2018). Atypical and classic bovine spongiform encephalopathy.
     Handbook of Clinical Neurology. 153. pp. 121–134. ISBN 9780444639455.

43. North American Meat Institute (NAMI). (2017). The United States Meat Industry at
     a Glance. Obtenido de https://www.meatinstitute.org/index.php?ht=d/sp/i/47465/
     pid/47465.

44. Fortune, A. (11 de septiembre de 2017). US Meat Industry Debunks Cancer Link. Global
     Meat News. Obtenido de https://www.globalmeatnews.com/Article/2017/09/12/US-
     meat-industry-debunks-cancer-link.

45. North American Meat Institute (NAMI). (2017). The United States Meat Industry at
     a Glance. Obtenido de https://www.meatinstitute.org/index.php?ht=d/sp/i/47465/
     pid/47465.

46. Shike, J. (16 de enero de 2019). Pork Industry Calls EAT-Lancet Report Radical,
     Irresponsible. Farm Journal. Obtenido de https://www.agweb.com/article/pork-indus-
     try-calls-eat-lancet-report-radical-irresponsible/.

47. Brower, M., y Warren L. (March 30, 1999). The consumer's guide to effective envi-
     ronmental choices: Practical advice. The Union of Concerned Scientists. Three Rivers
     Press; 1st edition.

48. Springmann, M., Clark, M., Mason-D'Croz, D., Wiebe, K., Bodirsky, B. L., Lassaletta, L. et
     al. (25 de octubre de 2018). Options for keeping the food system within environmental
     limits. Nature. Obtenido de https://www.nature.com/articles/s41586-018-0594-0.

49. Meat and greens: How bad for the planet is eating meat? (31 de diciembre de 2013).
     The Economist. Obtenido de https://www.economist.com/feast-and-famine/2013/12/31/
     meat-and-greens.

50. Rossi, M. (31 de julio de 2018). The Chinese Are Eating More Meat Than Ever Before
     and the Planet Can't Keep Up. Mother Jones. Obtenido de https://www.motherjones.
     com/environment/2018/07/the-chinese-are-eating-more-meat-than-ever-before-and-
     the-planet-cant-keep-up/.

51. Organización de las Naciones Unidas para la Alimentación y la Agricultura. (23 de septiembre de 2009). 2050: un tercio más de bocas que alimentar. Obtenido de http://www.fao.org/news/story/es/item/35675/icode/.

52. Lindsey, R. (1 de agosto de 2018). Climate Change: Atmospheric Carbon Dioxide. NOAA. Obtenido de https://www.climate.gov/news-features/understanding-climate/climate-change-atmospheric-carbon-dioxide.

53. IPCC 2007, Resumen para responsables de políticas, en Cambio climático 2007: impactos, adaptación y vulnerabilidad. Contribución del Grupo de Trabajo II al Cuarto Informe de Evaluación del Grupo Intergubernamental de Expertos sobre Cambio Climático, Cambridge University Press, Cambridge, Reino Unido, pág. 17.0*****

54. Milman, O. (21 de diciembre de 2018) Why eating less meat is the best thing you can do for the planet in 2019. The Guardian. Obtenido de https://www.theguardian.com/environment/2018/dec/21/lifestyle-change-eat-less-meat-climate-change?CMP=fb_gu.

55. Heller, M.C. y G.A. Keoleian. 2014. Greenhouse gas emission estimates of U.S. dietary choices and food loss. Journal of Industrial Ecology: Supporting Information. Obtenido de https://doi.org/10.1111/jiec.12174.

56. Fenelli, D. (18 de julio de 2007). Meat is murder on the environment. New Scientist. Obtenido de https://www.newscientist.com/article/mg19526134-500-meat-is-murder-on-the-environment/.

57. Harvey, F. (2016, March 21). Eat less meat to avoid dangerous global warming, scientists say. The Guardian. Obtenido de https://www.theguardian.com/environment/2016/mar/21/eat-less-meat-vegetarianism-dangerous-global-warming.

58. Gerber, P.J., Steinfeld, H., Henderson, B., Mottet, A., Opio, C., Dijkman, J.... (2013). Tackling climate change through livestock – A global assessment of emissions and mitigation opportunities. Organización de las Naciones Unidas para la Agricultura y la Alimentación (FAO), Roma.

59. Ibídem.

60. Strom, S. (21 de marzo de 2017). Americans Ate 19 percent Less Beef From '05 to '14, Report Says. The New York Times. Obtenido de https://www.nytimes.com/2017/03/21/dining/beef-consumption-emissions.html.

61. Kunzig, R. (enero de 2014). Carnivore's dilemma. National Geographic Society, 2014. Obtenido de http://www.nationalgeographic.com/foodfeatures/meat/.

62. Ibídem.

63. Union of Concerned Scientists. [[[(201).]]] What's Driving Deforestation? Obtenido de https://www.ucsusa.org/global-warming/stop-deforestation/whats-driving-deforestation.

64. Haan, C. & Blackburn H. (1997). Livestock-Environment Interactions: Issues and Options. Organización de las Naciones Unidas para la Alimentación y la Agricultura. Obtenido de http://www.fao.org/ag/againfo/resources/documents/Lxehtml/.

65. Williams, A. (19 de enero de 2109). Brazil closes 2018 with largest-ever beef volume exports. Global Meat News Obtenido de https://www.globalmeatnews.com/Article/2019/01/22/Largest-ever-beef-exports-by-volume-for-Brazil.

66.   Measuring the Daily Destruction of the World's Rainforests Scientific American, 2009. Obtenido de https://www.scientificamerican.com/article/earth-talks-daily-destruction/.

67.   Alexandratos N. y Bruinsma J. (2012). Organización de las Naciones Unidas para la Agricultura y la Alimentación. World Agriculture Towards 2030/2050: The 2012 Revision No. 12-03. Obtenido de http://www.fao.org/fileadmin/templates/esa/Global_persepctives/world_ag_2030_50_2012_rev.pdf.

68.   Foley J A et al. (12 de octubre de 2011). Solutions for a cultivated planet. Nature. Obtenido de https://www.nature.com/articles/nature10452.

69.   Thompson, P. y Kituyi, M. (13 de julio de 2018). 90 percent of fish stocks are used up – fisheries subsidies must stop. Foro Economico Mundial. Obtenido de https://www.weforum.org/agenda/2018/07/fish-stocks-are-used-up-fisheries-subsidies-must-stop/.

70.   Alder, J., B. Campbell, V. Karpouzi, K. Kaschner y D. Pauly (agosto de 2008). Forage fish: from ecosystems to markets. Annual Review of Environment and Resources, 33, 153-166. Obtenido de https://www.annualreviews.org/doi/10.1146/annurev.environ.33.020807.143204.

71.   Sustainable Fisheries (2019). How many Fisheries are Overfished? Obtenido de https://sustainablefisheries-uw.org/fact-check/how-many-fisheries-are-overfished/.

72.   Natural Resources Defense Council (2017, March), Issue paper: Less beef, Less carbon: Americans shrink their diet-related carbon footprint by 10 percent between 2005 and 2014. Obtenido de https://www.nrdc.org/sites/default/files/less-beef-less-carbon-ip.pdf.

73.   Strom, S. (21 de marzo de 2017). Americans Ate 19 percent Less Beef From '05 to '14, Report Says. The New York Times. Obtenido de https://www.nytimes.com/2017/03/21/dining/beef-consumption-emissions.html.

74.   Mintel. (15 de febrero de 2018). Press Release Taste is the Top Reason US Consumers Eat Plant-Based Proteins. Obtenido de https://www.mintel.com/press-centre/food-and-drink/taste-is-the-top-reason-us-consumers-eat-plant-based-proteins.

75.   Coffman, V. Milburn, D. (12 de septiembre de 2018). Two-thirds of U.S. consumers say they are eating less meat. HUB/Johns Hopkins University. Obtenido de https://hub.jhu.edu/2018/09/12/consumers-cut-back-on-meat-consumption/.

76.   Davis, L.C. (28 de marzo de 2016). The economic case for worldwide vegetarianism. The Atlantic. Obtenido de https://www.theatlantic.com/business/archive/2016/03/the-economic-case-for-worldwide-vegetarianism/475524/.

77.   Ibídem.

78.   Hallock, B. (27 de enero de 2014). To make a burger, first you need 660 gallons of water. The Los Angeles Times. Obtenido de https://www.latimes.com/food/dailydish/la-dd-gallons-of-water-to-make-a-burger-20140124-story.html.

79.   Park, A. (19 de diciembre de 2013). 5 Surprising Things We Feed Cows. Mother Jones. Obtenido de https://www.motherjones.com/food/2013/12/cow-feed-chicken-poop-candy-sawdust/.

80.   Bittman, M. (15 de julio de 2014). The True Cost of a Burger. The New York Times. Obtenido de https://www.nytimes.com/2014/07/16/opinion/the-true-cost-of-a-burger.html.

81. Cawley J, Meyerhoefer C. (31 de enero de 2012).The medical care costs of obesity: an instrumental variables approach. J Health Econ. 31:219-30. Obtenido de https://www.ncbi.nlm.nih.gov/pubmed/22094013.

82. Springmanna, M, Godfraya, C, Raynera, M y Scarborough, P; Analysis and valuation of the health and climate change cobenefits of dietary change. Proceedings of the National Academy of Sciences of the USA (PNAS), 22 de enero de 2015. Consultado el 16 de enero de 2019 en https://www.pnas.org/content/pnas/early/2016/03/16/1523119113.full.pdf

83. Schechinger, A.W. (2 de octubre de 2018). America's Nitrate Habit Is Costly and Dangerous. Obtenido de https://www.ewg.org/research/nitratecost/.

84. City of Des Moines Water Works (10 de diciembre de 2015). Nitrate Removal Facility Fact Sheet. Obtenido de http://www.dmww.com/upl/documents/water-quality/lab-reports/fact-sheets/nitrate-removal-facility.pdf.

85. May, J. (11 de julio de 2017) City of Hiawatha Issues High Nitrate Warning. Hiawatha World, Obtenido de www.hiawathaworldonline.com/news/city-of-hiawatha-issues-high-nitrate-warning/article_71208a3a-b98e-54a4-bc20-1c4b9bdd7a10.html.

86. Vivian B. Jensen et al., (julio de 2012). Technical Report 6: Drinking Water Treatment for Nitrate. Center for Watershed Sciences, University of California, Davis. Obtenido de groundwaternitrate.ucdavis.edu/files/139107.pdf.

87. Institute of Mechanical Engineers. (2 de noviembre de 2013). Global food: Waste not, Want not. Obtenido de https://www.imeche.org/policy-and-press/reports/detail/global-food-waste-not-want-not.

88. Organización de las Naciones Unidas para la Agricultura y la Alimentación. SAVE FOOD: Iniciativa mundial sobre la reducción de la pérdida y el desperdicio de alimentos. Hallazgos clave Obtenido de http://www.fao.org/save-food/resources/keyfindings/es/.

89. Lovgren, S. (31 de agosto de 2005). Chimps, Humans 96 percent the Same, Gene Study Finds. National Geographic. Obtenido de https://news.nationalgeographic.com/news/2005/08/chimps-humans-96- percent-the-same-gene-study-finds/.

90. Rosemary, J. (30 de noviembre de 2013). Pigs and Chimpanzees Living in Sin? Psychology Today. Obtenido de https://www.psychologytoday.com/us/blog/what-makes-us-human/201311/pigs-and-chimpanzees-living-in-sin.

91. Pigs: The Missing Evolutionary Human Link. (13 de diciembre de 2016). Consultado el 20 de noviembre de 2018 en https://www.globalfounders.london/blog/pigs-the-missing-evolutionary-human-link.

92. Cahill, M. (26 de enero de 2016). Humans Are Genetically Related To Some Pretty Bizarre Things...So Weird. ViralNova. Obtenido de http://www.viralnova.com/genetic-relatives/.

93. Steenhuysen, J. (23 de abril de 2009). Cattle genes may give clues about human health. Reuters. Obtenido de https://www.reuters.com/article/us-cattle-genes/cattle-genes-may-give-clues-about-human-health-idUSTRE53M5XT20090423?irpc=914.

94. The Editors of Encyclopaedia Britannica. Maori – Maori Culture in The 21st Century. Encyclopædia Britannica. Consultado el 1 de noviembre de 2018 en https://www.britannica.com/topic/Maori.

95. Eskimo Kisses, Arm Hair, Moon Flags & Spike Lee vs. Stan Lee vs. Bruce Lee. Esquire Magazine. 2007-05-09. Consultado el 6 de enero de 2019 en https://www.esquire.com/news-politics/q-and-a/a2881/answerfella0507/.

96. Coren, Stanley (10 de enero de 2004). Why Dogs Touch Noses: Communication and More. Psychology Today. Consultado el 8 de enero de 2019 en https://www.psychologytoday.com/us/blog/canine-corner/201001/why-dogs-touch-noses-communication-and-more.

97. Zolfagharifard, E. (12 de junio de 2015). Move over Lassie: IQ tests reveal pigs can outsmart dogs and chimpanzees. The Daily Mail. Obtenido de http://www.dailymail.co.uk/sciencetech/article-3122303/Move-Lassie-IQ-tests-reveal-pigs-outsmart-dogs-chimpanzees.html.

98. Fuoco, MA (9 de abril de 2002). LuLu the heroic pig now known worldwide. Pittsburg Post-Gazette. Obtenido de http://old.post-gazette.com/neigh_west/20020409lulu0409p1.asp.

99. Price, M. (25 de enero de 2019). 3-year-old boy lost in NC woods tells his family he 'hung out with a bear for 2 days'. The Charlotte Observer. Obtenido de https://www.charlotteobserver.com/news/local/article225090590.html.

100. Kandlbinder, S. G. (2009) Saved By Dolphins: The Todd Endris Story. AuthorHouse.

101. Adams, W.L. (12 de noviembre de 2010). Dick Van Dyke: Porpoises Saved My Life. Time. Obtenido de http://newsfeed.time.com/2010/11/12/dick-van-dyke-porpoises-saved-my-life/.

102. Elliott, K. (4 de agosto de 1996). True tale or great white lie? The Independent. Obtenido de https://www.independent.co.uk/sport/true-tale-or-great-white-lie-1308156.html.

103. Thomson, A. (25 de noviembre de 2004). Dolphins saved us from shark, lifeguards say. New Zealand Herald. Obtenido de https://www.nzherald.co.nz/.nz/news/article.cfm?c_id=1&objectid=3613343.

104. The Telegraph (24 de noviembre de 2004). Dolphins 'save' swimmers from shark attack. Obtenido de https://www.telegraph.co.uk/news/1477378/Dolphins-save-swimmers-from-shark-attack.html.

105. Chicago Tribune (16 de agosto de 2016). 20 years ago today: Brookfield Zoo gorilla helps boy who fell into habitat. Obtenido de http://www.chicagotribune.com/news/ct-gorilla-saves-boy-brookfield-zoo-anniversary-20160815-story.html.

106. Burrows, T. (20 de enero de 2016). EXCLUSIVE - My guardian gorilla angel: 30 years on from the amazing moment ape saved tiny boy who fell into his enclosure, the man protected by gentle giant reveals how the incident has shaped his entire life. Daily Mail. Obtenido de http://www.dailymail.co.uk/news/article-3406830/I-m-forever-thankful-Jambo-gone-one-two-ways-Man-protected-huge-gorilla-fell-enclosure-boy-relives-dramatic-moment-30-years-says-t-wait-kids-there.html.

107. Kidnapped girl 'rescued' by lions. (22 de junio de 2005). BBC. Obtenido de http://news.bbc.co.uk/2/hi/africa/4116778.stm.

108. Boyd, F. (21 de noviembre de 2014). Experience: my horse saved me from a raging cow. The Guardian. Obtenido de https://www.theguardian.com/lifeandstyle/2014/nov/21/experience-my-horse-saved-me-from-raging-cow.

109. People for the Ethical Treatment of Animals. The Hidden Lives of Cows. Obtenido de https://www.peta.org/issues/animals-used-for-food/factory-farming/cows/hidden-lives-cows/.

110. Soomro, B.R. (30 de enero 2016). Remarkable animal rescues of humans. Dawn. Obtenido de https://www.dawn.com/news/1235930.

111. Chapman, P. (18 de febrero de 2004). Swimming cow saves farmer's wife. The Telegraph. Obtenido de https://www.telegraph.co.uk/news/worldnews/australiaandthepacific/newzealand/1454679/Swimming-cow-saves-farmers-wife.html.

112. Sitio web de la BBC News. (19 de enero de 2004). Rabbit saves diabetic from coma. Obtenido de http://news.bbc.co.uk/2/hi/uk_news/england/cambridgeshire/3441337.stm.

113. Morell, V. (23 de febrero de 2014). It's Time to accept that elephants, like us, are empathetic beings. National Geographic. Obtenido de https://news.nationalgeographic.com/news/2014/02/140221-elephants-poaching-empathy-grief-extinction-science/.

114. Plotnik, J. (18 de febrero de 2014). Asian elephants (Elephas maximus) reassure others in distress. PeerJ. Obtenido de https://peerj.com/articles/278/.

115. Holdrege, Craig (primavera de 2001). Elephantine Intelligence. In Context. Consultado el 8 de enero de 2019 en http://www.natureinstitute.org/pub/ic/ic5/elephant.htm.

116. Mele, C. (7 de abril de 2019). Rhino Poacher Killed by Elephant and Eaten by Lions, Officials Say. The New York Times. Obtenido de https://www.nytimes.com/2019/04/07/world/africa/south-africa-poacher-rhino-lions.html.

117. Willett, W., et al. (16 de enero de 2019). Alimentos en el antropoceno: Comisión EAT-Lancet sobre dietas saludables a partir de sistemas alimentarios sostenibles. The Lancet. Obtenido de https://eatforum.org/content/uploads/2019/01/Report_Summary_Spanish-1.pdf.

118. Las estadísticas y referencias de esta sección fueron tomadas de www.undp.org.

119. Organización de las Naciones Unidas para la Agricultura y la Alimentación. (2018). Transformar la alimentación y la agricultura para alcanzar los ODS: 20 acciones interconectadas para guiar a los encargados de adoptar decisiones Obtenido de http://www.fao.org/3/I9900ES/i9900es.pdf.

120. Vinicius, M. (junio de 2011). Long-Lasting Effects of Undernutrition. International Journal of Environmental Research and Public Health. Obtenido de https://www.ncbi.nlm.nih.gov/pmc/articles/PMC3137999/.

121. Eisler, P. Morrison, B. DeBarros, A. (8 de diciembre de 2009). School Lunches Wouldn't Meet Fast-Food Safety Standards. USA Today. Obtenido de https://usatoday30.usatoday.com/news/education/2009-12-08-school-lunch-standards_N.htm.

122. PNUD (2016) ¿Qué son los Objetivos de Desarrollo Sostenible? Obtenido de http://www.undp.org/content/undp/es/home/sustainable-development-goals.html.

123. FAO, FIDA, UNICEF, PMA y OMS. (2017). El estado mundial de la alimentación y la agricultura 2017: Aprovechar los sistemas alimentarios para lograr una transformación rural inclusiva. Organización de las Naciones Unidas para la Agricultura y la Alimentación. Obtenido de http://www.fao.org/3/a-I7658s.pdf.

124. Organización de las Naciones Unidas para la Agricultura y la Alimentación. (2016). Sustainable Development Goals target 12.3 on food loss and waste: 2016 progress report. Obtenido de http://www.fao.org/save-food/news-and-multimedia/news/news-details/en/c/436985/.

125. Thompson, P. y Kituyi, M. (13 de julio de 2018). 90 percent of fish stocks are used up – fisheries subsidies must stop. Foro Economico Mundial. Obtenido de https://www.weforum.org/agenda/2018/07/fish-stocks-are-used-up-fisheries-subsidies-must-stop/.

126. Perlman, D. (15 de agosto de 2008). Scientists alarmed by ocean dead-zone growth. San Francisco Chronicle. Obtenido de https://www.sfgate.com/green/article/Scientists-alarmed-by-ocean-dead-zone-growth-3200041.php.

127. Departamento del Interior, Estados Unidos Geological Survey. (7 de junio de 2018) Press release: Average-sized dead zone forecasted for the Gulf of Mexico. Obtenido de https://www.usgs.gov/news/average-sized-dead-zone-forecasted-gulf-mexico.

128. Neal, K. (21 de febrero de 2007). Global impact of livestock production focus of recent event. Stanford News. Obtenido de https://news.stanford.edu/news/2007/february21/livestock-022107.html.

129. Brownell, C. (29 de septiembre de 2016). The end of meat? Economics, the environment and changing tastes have top protein feeling the heat. Financial Post. Obtenido de https://business.financialpost.com/commodities/agriculture/the-end-of-meat-economics-the-environment-and-changing-tastes-have-top-protein-feeling-the-heat.

130. Willett, W., et al. (16 de enero de 2019). Alimentos en el antropoceno: Comisión EAT-Lancet sobre dietas saludables a partir de sistemas alimentarios sostenibles. The Lancet. Obtenido de https://eatforum.org/content/uploads/2019/01/Report_Summary_Spanish-1.pdf.

131. Harvard Medical School. (enero de 2012). What's the beef with meat? Harvard Health Publishing. Obtenido de https://www.health.harvard.edu/healthy-eating/whats-the-beef-with-meat.

132. Plant Based Foods Association, comunicado de prensa, (30 de julio de 2018). Plant Based Food Sales Grow 20 percent. Obtenido de https://plantbasedfoods.org/wp-content/uploads/2018/07/PBFA-Release-on-Nielsen-Data-7.30.18.pdf.

133. Chiorando, M. (1 de agosto de 2018). US Plant-Based Meat Sales Hit $670 Million Skyrocketing By 24 percent. Plant Based News. Obtenido de https://www.plantbasednews.org/post/us-plant-based-meat-sales-hit-670-million-skyrocketing-by-24.

134. Chiorando, M. (4 de julio de 2018). Global Meat Substitutes Market To Exceed $6 Billion By 2023. Plant Based News. Obtenido de https://www.plantbasednews.org/post/global-meat-substitutes-market-to-exceed-6-billion-by-2023.

135. Raphael, R. (5 de marzo de 2019). Beyond Meat just launched a plant-based product for beef lovers. Fast Company. Obtenido de https://www.fastcompany.com/90314807/beyond-meat-just-launched-a-plant-based-product-for-beef-lovers?partner=rss.

136. Ibirogba, P. (16 de marzo de 2019). Vegan Company Beyond Meat's Plans to Lower Price Could Be Disastrous for Meat Industry. Vegan News. Obtenido de https://vegannews.co/vegan-company-beyond-meats-plans-to-lower-price-could-be-disastrous-for-meat-industry/.

137. Brownell, C. (29 de septiembre de 2016). The end of meat? Economics, the environment and changing tastes have top protein feeling the heat. Financial Post. Obtenido de https://business.financialpost.com/commodities/agriculture/the-end-of-meat-economics-the-environment-and-changing-tastes-have-top-protein-feeling-the-heat.

138. Klementova, M.; Thieme, L.; Haluzik, M.; Pavlovicova, R.; Hill, M.; Pelikanova, T.; Kahleova, H. A Plant-Based Meal Increases Gastrointestinal Hormones and Satiety More Than an Energy- and Macronutrient-Matched Processed-Meat Meal in T2D, Obese, and Healthy Men: A Three-Group Randomized Crossover Study. Nutrients 2019, 11, 157. Obtenido de https://www.mdpi.com/2072-6643/11/1/157.

139. Murphy, P. (19 de abril de 2019). 'Bug burger' idea wins UB World's Challenge Challenge. UBNow. Obtenido de http://www.buffalo.edu/ubnow/campus/campus-host-page. host.html/content/shared/university/news/ub-reporter-articles/stories/2019/04/ worlds-challenge-challenge.detail.html.

140. Administración de Medicamentos y Alimentos de los Estados Unidos (febrero de 2005) Obtenido de https://www.fda.gov/Food/GuidanceRegulation/GuidanceDocumentsRegulatoryInformation/SanitationTransportation/ucm056174.htm.

141. Tousignant, L. (16 de agosto de 2017). Bug 'burgers' are hitting supermarket shelves. New York Post. Obtenido de https://nypost.com/2017/08/16/bug-burgers-are-hitting-supermarket-shelves/.

142. Schaefer, OG (14 de septiembre de 2018). Lab-Grown Meat: Meat produced without killing animals is heading to your dinner table. Scientific American. Obtenido de https:// www.scientificamerican.com/article/lab-grown-meat/.

143. Okin GS (2017) Environmental impacts of food consumption by dogs and cats. PLoS ONE 12(8): e0181301. Obtenido el 13 de enero de 2019 de https://doi.org/10.1371/journal.pone.0181301.

144. Association of American Feed Control Officials. What is in Pet Food? Obtenido de https://www.aafco.org/consumers/what-is-in-pet-food.

145. Springmann M, Mason-D'Croz D, Robinson S, Wiebe K, Godfray HCJ, Rayner M, et al. (6 de noviembre de 2018). Health-motivated taxes on red and processed meat: A modelling study on optimal tax levels and associated health impacts. PLoS ONE 13(11): e0204139. Obtenido de https://doi.org/10.1371/journal.pone.0204139.

146. The North American Meat Institute. (2018). The United States Meat Industry at a Glance. Obtenido de https://www.meatinstitute.org/index.php?ht=d/sp/i/47465/pid/47465.

147. Organización de las Naciones Unidas para la Agricultura y la Alimentación. (2018). Empleo rural decente. Obtenido de http://www.fao.org/rural-employment/agricultural-sub-sectors/livestock/es/.

148. Vegetarian Times Editors (26 de noviembre de 2014). How to buy veg-friendly cheese. Vegetarian Times. Obtenido de https://www.vegetariantimes.com/skills/how-to-buy-veg-friendly-cheese.

www.ingramcontent.com/pod-product-compliance
Lightning Source LLC
LaVergne TN
LVHW051531170726
843492LV00006B/1708